Money錢

Money錢

Money錢

Money錢

6年存到300張股票

股子股息讓股票零成本

陳重銘　著

Contents

Contents

　　我的岳父母當了一輩子的公務員，岳父年輕時當選過十大傑出青年，退休後每個月也領到不錯的退休金；我媽媽一輩子在家當家庭主婦，但是 20 幾年前勇敢買進當時未上市的台積電股票，如今累積的資產，已經遠遠超越岳父母一輩子辛苦工作的所得。

　　投資理財的確可以改變未來，但是亂買股票賺大錢的童話故事，並不會發生在每個人的身上。請記住「理財沒有暴利」，但是「堅持投資你就一定會成功」。

　　我在年輕時，花了 1 年多時間從台北到高師大修教育學分，也曾經白天上班、晚上兼課、假日到淡江大學修數學學分，蠟燭三頭燒。但是因為有了穩定的教職，2008 年金融海嘯時我不用擔心被裁員，還可以趁機貸款、逢低加碼，創造出更

多的財富。專注好自己的本業，有穩定的工作才可以做好投資，這個是我學到的第 1 堂課。

　　工作可以開源，節省開支則能相得益彰。我為了白天可以自己照顧小孩，到基隆海事學校的夜間部當代課老師，晚上 10 點下課後轉搭 3 班車回家，到家時已經凌晨 1 點。如果有買車，就不用這樣辛苦，但也因為省下買車、養車的錢，才有餘錢投資，改變未來。「節流」是我學到的第 2 堂課。

　　買賣股票，金額動輒數十、數百萬元，還要經過許多年的等待，道聽塗說買進股票，其實跟「送錢給別人花」沒有兩樣。當代課老師時，「一年一聘」的壓力一直存在，我只能逼迫自己努力讀書。「學習理財的知識」是我學到的第 3 堂課。

年輕時我喜歡殺進殺出賺價差，但是經常這邊賺、那邊賠，我不禁開始懷疑：「如果買進好股票並長期持有，會不會賺更多？」2008 年金融海嘯期間，我跟銀行借了 500 萬元，買進股價被低估的好股票，2 年後我的資產多了 1000 萬元，每年領取的股利也跨越百萬元關卡。「長期投資」是我學到的第 4 堂課。

投資可以很傻瓜嗎？張忠謀、施崇棠、郭台銘……每個都比我優秀，靠著他們分給我的股利，6 年來我買了 300 張中信金的股票，往後中信金的老闆也會認真幫我賺錢。「相信優秀的腦袋」是我學到的第 5 堂課！

「股利現金流」是我學到的第 6 堂課，只要用股利持續買進低價的好股票，我的資產就會「一暝大一吋」，然後我又可以領到更多的股利，再買進更

多的資產。

　　大概 7 年後，靠著股利、版稅、退休金，我就可以年領 500 萬元，快樂退休去，這也是我 27 年來認真工作、努力投資的一點點回報。

　　人生沒有幾個 27 年，理財一定要趁早，「努力學習投資的知識」是我送給各位讀者的第 1 堂課。

第1章

從1張開始存
低薪族翻身致富

> 錢不會從天上掉下來，一開始花3個月時間只能買1張股票，我還是拼命存錢並學習「用錢賺錢」的知識，這樣持續了20年，現在終於可以每年領100多萬元股息，我靠理財改變了我的人生……

2003年，《商業周刊》第800期〈一個台灣，兩個世界〉的專題報導，深深撼動了我的內心。有錢人家的小孩豆豆，住在高級豪宅中，早餐時，桌上擺滿財經報紙，閒聊的話題是「股利發放」，豆豆的阿公、爸爸、媽媽、舅舅……不是董事長就是總經理，這是豆豆每天接觸到的生活教育。

出生在鄉下農村的小如，多數時間都在農田裡面度過，6歲的她打著赤腳，來回幫爸爸扛農作物，除了一臉的黝黑，還有滿身的泥巴。

或許鄉下的房子有山有水空氣好，不輸給豆豆的豪宅，但是小如的世界，沒有財經報紙、股票股利，她也不可能有董事長、總經理來教導她「用錢賺錢」的知識。在人生的起跑

點上，小如是不是就注定一輩子要「靠勞力賺錢」？

俗語說：「龍生龍，鳳生鳳，老鼠的兒子會打洞。」不是在說聰明的父母一定會生下聰明的小孩，也不是說有錢人的小孩一定會很有錢。我反而覺得是在說明，父母的行為跟觀念會怎樣影響下一代、教育下一代？以及下一代可以從父母身上學到、模仿到什麼。

我的媽媽跟岳父母，他們各自擁有不同的人生經歷，就給了我不同的示範與衝擊。當了一輩子公務員、腳踏實地的岳父母，一直要我認真工作，他們不懂投資，也不贊成我買股票，那個時代的人普遍覺得「股票就是賭博」。而我那個從來沒上過班，一輩子在家管教小孩的媽媽，因緣際會之下買進未上市的台積電（2330），至今不僅累積數千萬的報酬，現在靠著台積電的股息就可以開開心心安享晚年。

岳父母辛苦工作，當了一輩子的公務員，有政府的退休金可以養老。媽媽從來沒上班，現在領的股息卻比岳父母的退休金還要多，還累積了巨大的資產。這就是「認真工作，靠雙手賺錢」與「投資股票，靠好公司幫我賺錢」的差別，對當初仍年輕剛開始上班的我，有很大的啟發作用。

理財知識決定貧窮或富有

- 靠勞力、時間賺錢
- 不懂理財，無法改變未來
- 房貸、生活壓力喘不過氣
- 靠雙手能賺多少？
- 只學習工作的知識

- 資產自己增加，享受人生
- 股利、房租、利息可支付 生活費用
- 學習知識，用錢來滾錢
- 不靠勞力，靠知識賺錢

窮小孩

富小孩

　　我決定效法雙方長處，首先我要認真工作撫養3個小孩，利用假日到大學進修以取得教師證，晚上到夜間部兼課賺鐘點費，寒暑假努力寫書賺取版稅，然後拼命存錢並學習「用錢賺錢」的知識，每天花好幾個小時來研究股票。這樣持續了20年，現在終於可以年領100多萬元股息，也開始改變了我的未來。

存3個月買1張股票 也不放棄投資

記得在 1988、1989 年間，台灣股市一飛沖天，股票天天漲停板，投資股市成為當時最熱門的話題。那時候的我正在讀大學四年級，跟媽媽開口借了 10 萬元，加入了這一場「全民運動」。

那個時代並沒有網路，也不曉得要怎樣蒐集投資資訊，反正就是「聽說不錯」，有消息就買。記得一開始買進的是當時最熱門的「紡織三雄」，也就是中紡（已下市）、新纖（1409）、華隆（已下市），以前股票每天漲跌幅只有 3.5%，雖然不高，但是股價經常連續好幾天拉漲停板，每天就有幾千塊錢的獲利，對一個大學生來說，簡直就是開啟了另一個世界的大門。

1989 年，大學畢業後我到海軍服役，正逢波斯灣戰爭開打，台灣股市經歷了有史以來最驚心動魄的跌幅。我以前「天天漲停」的 10 萬元股票投資，也開始了「天天跌停」的奇幻旅程。那個時代當兵，完全沒有辦法接觸股票資訊，等到 1991 年我退伍時，10 萬元早已腰斬再腰斬。

　　我人生第一次投資股票，結局是慘賠作收，但是也在其中學到了寶貴的一課，認清了股市「暴漲暴跌」的可能性。投資股票最重要的是要能夠控制自己的情緒，了解股市風險，並與風險為伴，我很慶幸一開始跌了一大跤，學到的經驗可以讓我安度之後的台海危機、亞洲金融風暴、網路泡沫、SARS、金融海嘯等危機。

　　退伍後，我進入台科大機械研究所就讀，儘管身上的股票已經所剩無幾，但是仍然持續做價差及換股操作，完全沒有脫離股市。1994年研究所畢業後開始上班，支付家庭所需費用後，我將所有剩餘的錢幾乎都拿來買股票，我前後換過6個工作，唯一沒換的就是持續買了20年的股票。

　　這段期間，3個小孩陸續出生，保母、安親班、補習等費用頗為驚人，在這段期間我還當了5年的代課教師，收入不穩定，但我仍盡力存錢，有時候1個月只能存幾千塊錢，要存上2、3個月才買得起1張股票，我還是樂此不疲。

　　隨著我對投資越來越熟悉，我開始清理媽媽一些沒賺錢的未上市股票，通通轉移到台積電。在享受完台積電最大的成長期之後，我幫媽媽把部分台積電股票，轉進其他有成長性

及殖利率較高的股票，一方面可避險，一方面追求更大的成長空間，也順便領取更多的股息。

投資股票，其實是「邊做邊學」的過程，我從 10 萬元起家，經歷過加權指數從 12000 點慘跌到 2500 點的大暴跌，但我沒有放棄，全力投資股票 20 年。年輕時為了謀取穩定的教職，我利用假日到高師大讀了 1 年的教育學分，還到淡江大學修數學學分。為了擠出錢來投資，我省吃儉用，電影只看二輪，不買車、只靠 BMW（Bus、MRT、Walk，公車、捷運、走路）代步。為了增加收入，我白天在私人公司上班，晚上到夜間部兼課，賺取一節課 400 元的鐘點費。

儘管 2001 年後我在公立學校獲得穩定的教職，我依然利用下班後及假日編寫教科書，將獲得的版稅持續投入股市。記得當時我的股票總值約 500 萬元，每年可以領到 20 萬到 30 萬元的股息。我當時教書，日夜間部加起來有百萬年薪，加上版稅、股利等收入，年所得約 150 萬元，其實也不算窮了。但是我依然堅持「不敗（Buy）教主」的精神，努力開源（寫書、兼課、賺股息），拼命節流（不買奢侈品、不買車、衣服穿到破才換），存下每一筆錢來投資股票。

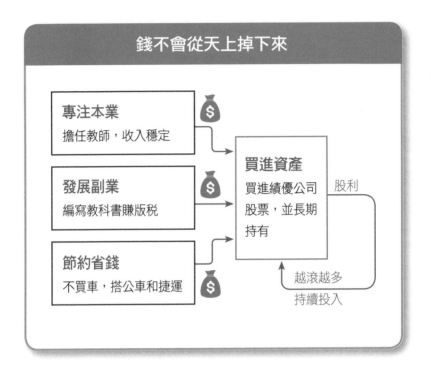

很多朋友看到我今天的成功，紛紛問我其中的訣竅。我最標準的回答就是：「錢不會從天上掉下來。」20年來，我一邊努力工作，一邊投資股票，還要養3個小孩，其中的辛苦可想而知。幸好認真投資有了回報，目前累積了3千萬元左右的股票，每年領到的股息就足以支付家庭開銷，而且我想退休的話，隨時都可以，這就是提早理財的回報。

抱一輩子台積電 養活一家子

1987 年，位於北投的三合院老家被收購，拿了約 600 萬元。有了這筆錢，媽媽心裡想著，未來是投資的時代，一定要靠錢來滾錢，於是決定拿一半出來投資股票。但是一輩子沒接觸過股票，要買什麼呢？那個時候完全沒有概念，也不知道如何下手。

幸好當時有個鄰居在台積電上班，跟我媽媽說這家公司還不錯，她就在 92 元的價位買進 20 張台積電未上市股票。她當時投資股票，完全靠鄰居的「仲介」，後來又買進一缸子的未上市股票，例如鑫成、飛虹、台晶、世界先進等，只要人家講：「聽說這支股票不錯」，她就進去買。

那個時代的時空背景就是這樣，股市投資資訊不多、沒有網路，「道聽塗說」是買股票的重要資訊來源。我分析媽媽買股票有 3 個特點：

特點❶ 勇敢買進

20 多年前，銀行的定存還有 8% 左右的利息，可是媽媽知道未來是錢滾錢的時代，「不買股票不行」，寧可捨棄安全

的定存去買股票。

特點❷ 長時間堅持

她投資的時間很長，台積電從未上市抱到現在，給好公司足夠的成長時間，不會因為小賺就急著「獲利了結」。

特點❸ 擇善固執

有賺錢的台積電，她怎樣都不賣，至於沒賺錢的鑫成、飛虹、台晶等股票，她可以耐心等上 10 年、20 年，一旦等到回本馬上清光，絕不戀棧。

我常常說我媽媽很 lucky（幸運），抱一支台積電就有幾十倍的報酬，並且彌補其他股票的虧損，這或許也可以稱為「分散投資」吧？我爸爸在 1990 年過世，媽媽一輩子在家當家管，面對 4 個小孩的教養費用，經濟拮据時還要幫人家改衣服來貼補家用。

但是，就只是在 20 幾年前做對一件事：「勇敢買進台積電並抱到現在」，自從台積電 1994 年上市後，家裡再也沒有缺過錢，而且靠著台積電不斷壯大，不僅累積數千萬的財富，此後她的退休金、每年的家族旅遊費……都由台積電幫忙買單。

反觀我自己，20年來認真研究股票，閱讀一大堆報章雜誌，但是我的績效還不如媽媽死抱一支台積電。我想這個「死抱台積電」只能算是特例，一般投資人想要這樣投資未上市股票，恐怕沒賺到錢就已經傷痕累累。

其實我媽媽買股票也非一帆風順，光是在鑫成這家公司就虧損了300萬元。1994年時，電子股熱潮席捲全台，我抱著48萬元現金幫媽媽到銀行繳交鑫成的現金增資，我還記得當時承辦的銀行小姐滿臉羨慕，一直問我要怎樣去買未上市股票。到現在，鑫成這家公司的股票早已成為壁紙，那48萬元的現金增資也有如「肉包子打狗」，一去不回。

媽媽買了將近10家未上市的電子股，最後也只有台積電、世界先進活了下來，其他的不是沒賺錢就是成為壁紙。所以，投資人想要靠「射飛鏢」、「道聽塗說」來買未上市股票，一定要先確定幸運之神有沒有站在你這一邊！

吃不完的木瓜　股票就是散財童子

我在20年前剛開始投資股票時，也是跟著大家殺進殺出，

還不大懂什麼叫做「存股」。在這段追逐飆股的過程中，雖然表面上看起來很認真做研究，也買進賣出股票，忙得一塌糊塗，但是事後統計，經常是這邊賺、那邊賠，到最後是白忙一場。有時候就會想，難道就沒有比較輕鬆一點的投資方式嗎？就不能讓股票自己去繁殖嗎？就讓我想起了小時候農村時代的一個經驗。

小時候家裡住的是三合院的農村建築，裡面有養雞、養鴨，還有牛棚跟豬圈，阿公就利用豬圈流出來的天然肥料，種了幾顆他最愛吃的木瓜樹。每次阿公吃完木瓜，我們小孩就把種子一顆顆地種到土裡面，沒多久木瓜樹就一株一株地長出來，家裡有了吃不完的木瓜。

這個種木瓜的經驗，我把它應用在投資理財上，我媽媽靠台積電賺了不少錢，但是最近幾年台積電因為股本膨脹太大，每年只配發3元現金股息，實在不是很滿意。於是我便把台積電的股息，幫媽媽買進台泥（1101）、亞泥（1102）、聯詠（3034）、潤泰新（9945）、正崴（2392）、中信金（2891）、富邦金（2881）、國泰金（2882）等股票。每年台積電的穩定股息（種子），就不斷

地幫我種出一檔檔的好股票出來。

很多人說：「10 個買股票的，9 個賠錢，只有 1 個賺到錢。」我非常不同意這種說法。拿最近幾年來說，台灣所有上市櫃公司，每年發放 7 千億到 1 兆新台幣的股息，這可不是一筆小數目，以全台灣 2300 萬人來計算，平均 1 個人可以分到將近 4 萬元，一個 5 口之家就是 20 萬元。

這樣看起來，股票市場其實是財神爺，是散財童子，只可惜一般人還是把股市當作「10 個買股、9 個賠錢」的吃人怪獸看待。如果你只是做價差，再加上融資融券，那麼真的有

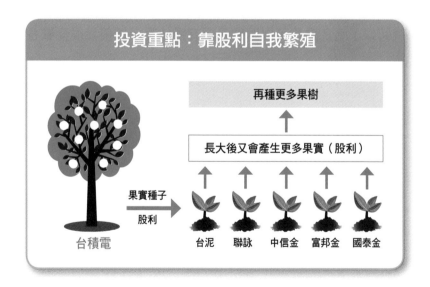

可能賠到一窮二白，甚至負債累累。但是如果買進績優股，並將領到的股息持續投入買進股票，手中持有的股票就會越來越多，領到的股息也會「一暝大一寸」，反而是「想輸都難」。

高築牆、廣積糧、緩稱王
9 字箴言存好股

「存績優股」基本上是個「買好股票，股息再投入」的過程，真的非常簡單。但真的就是買進股票，好好抱牢，這樣就可以了嗎？還是可以歸納得更有系統呢？以前我很喜歡看大陸劇《朱元璋》，朱元璋可以從一個乞丐，打敗天下群雄成為九五之尊，這個歷程跟一個上班族，靠著投資理財邁向「財富自由」之路，有著異曲同工之妙。

朱元璋可以從一無所有，逐漸累積實力，然後建立大明王朝，靠的就是謀士送給他的「高築牆、廣積糧、緩稱王」這9個字。我認為這9字箴言也可以運用在投資理財上面，特別是價值投資。

❶ 高築牆

建立穩固的根基，進可攻、退可守。在投資理財的領域中，好的根基非常重要，比如有穩定的工作收入，有好的房地產可以收租，或是投資一些績優龍頭股來領取股息。股票市場一定會有波動，當大股災降臨時，儘管股價腰斬再腰斬，只要有好的工作收入，一樣可以養家活口。

如果還有股息和房租收入，可以逢低繼續買進績優股，甚至可以拿股票跟房地產融資，大買便宜的股票，人生從此改變。股市大空頭時，誰的根基最穩，撐得最久，就是最後的贏家。趁年輕時努力「高築牆」，要不斷提升工作專業，累積股票及房地產等資產，不僅可於未來安度經濟風暴，還可以危機入市，積極進攻。

❷ 廣積糧

三軍未動，糧草先行，有糧草才可以打勝仗。投資也是一樣，現金流就是糧草。「高築牆」指的是累積資產，投資一些績優龍頭股、房地產，目的是領取穩定的股息、房租，這筆源源不絕的現金流（糧草）就可以用來買進績優股和房地產，讓資產越來越多，城牆越築越高。

於是,你收到的糧草(現金流)會越來越多,就可以再繼續「高築牆」。「高築牆」跟「廣積糧」其實是互為因果,相輔相成。

❸ 緩稱王

群雄割據,誰先出頭稱王一定是眾人圍剿的對象,所以要

緩，看別人先死。投資理財一樣，不能急，股票大漲時如果急著買進，不僅成本過高，也可能被套在高點，增加理財成功的難度。緩稱王指的是要有耐心，慢慢等到績優股跌到有投資吸引力的價位時，再勇敢買進。只要買得夠便宜，想輸也難。

投資理財不同於賭博，賭博全憑運氣，一翻兩瞪眼。投資則可以精細布局，一步一步邁向成功。朱元璋建立大明王朝，不就是如此，高築牆、廣積糧、緩稱王，這9個字其實是一個循環，不斷累積財富的正循環。

7年存股計畫 年領500萬元退休

買賣股票20年之後，我終於覺得自己開始懂得什麼叫做投資了。投資理財就是要先「設定目標」，然後「腳踏實地」，加上「長時間堅持」。在我投資股票的前十幾年，我學會研究及操作股票的知識與技巧，並存下不少績優電子股；最近這幾年則學到靠股息養股票的經驗，存了300多張中信金，往後每年可以從中領到數十萬元的股息。

　　我已經在規畫未來投資計畫，打算用 7 年的時間，靠著手上電子股和中信金的股息，認真存 1000 張的金融股股票。如此一來，7 年後我靠著電子股和金融股，就可以年領 300 萬元股息，加上我工作的退休金、寫書的版稅，我就可以年收 500 萬元，快樂退休去。

　　我常說：「錢不會從天上掉下來。」上述的退休計畫看起來似乎很完美，但其實會花掉我將近 30 年的歲月。而且，為了要達成這個目標，未來的 7 年我仍然要腳踏實地，乖乖上班，省吃儉用，認真研究投資，努力存股票。

投資筆記

第 **2** 章

節約生活
不怕沒錢投資

就我個人的經驗，「投資」不一定要有很多錢，把所有的閒錢拿來投資就對了。你一定不知道，汽車開40年的總成本高達1千多萬元，嚇到了吧！更驚人的是，如果拿來投資，可以累積到4397萬元！

一般上班族不僅要養家活口，還要貸款買房，給家人遮風避雨的保障，幾乎耗盡所有財力與精力，如果還想擠出錢來投資理財，給自己種下「財富自由」的未來，那個負擔恐怕不是每個人可以承受的。薪水就那麼多，養家、買屋、投資等需求，幾乎不可能樣樣順利達成，於是就要重新排列組合，把不急迫的先拋到一邊，然後把最重要的擺在前頭。

如果你真的想要在往後享受「財富自由」，讓你的「資產」產生的「利息」，足夠支付生活開銷，不必再靠勞力來工作賺錢，若你不是富二代，就只能靠投資理財了。

因此，年輕時所有資金的規畫，還是要以投資為最優先，先買進能幫你產生「利息」的「資產」，其他不急迫的車

子、房子……只能先放在一邊,而且為了增加投資的金額,你還必須認真工作,尋求事業上的突破。

節流養小孩　發現投資機會

想要努力工作靠加薪增加收入,有時候需要很多年的努力,很難立竿見影,更非一蹴可幾。但是「節流」卻可以隨時隨地馬上執行。我一直使用不能上網的「智障手機」,到 2014 年才辦了人生第一支智慧手機,就是為了省下每個月的電信網路費用。雖然說這只是一筆小錢,但是投資一定要從小處著眼,能妥善規畫小錢,才可以賺大錢。

大女兒出生後,為了省下托育費用,我選擇到夜間部教書,白天可以自己帶小孩。小孩長大後,放暑假時,我每天都帶他們到公立游泳池教他們游泳,我跟 3 個小孩的門票加起來不到 200 元,卻可以消磨一下午,比起在暑假帶小孩外出旅遊,不僅省錢,小孩子還可學會游泳和鍛鍊體力。圖書館跟書店也是可以善用的好去處,除了有免費的冷氣可以吹,還可以從小養成閱讀的習慣。

　　騎腳踏車也是親子的好活動，我喜歡在傍晚時帶著小孩，沿著台北的河濱車道騎車，現在的小孩看太多電視跟電腦，騎車可以舒緩眼睛的疲勞。游泳、騎車、泡圖書館，是我「節流」養小孩的方法，在節流的過程中，只要仔細觀察，還可以發現投資機會。

　　最近這幾年我帶著小孩騎車，發現假日、晚上時，河濱車道滿滿都是腳踏車，一直讓我很扼腕。記得 2008 ～ 2009 年，台灣掀起一陣單車熱潮，當時我基於節流，捨不得買 1 台要價上萬元的腳踏車，也就忽略掉自行車這個產業。如今巨大（9921）和美利達（9914），股價從當時的幾十元，已經紛紛漲破 200 元大關，令我有點搥心肝！如果當初捨得花小錢買單車，進而觀察自行車產業的發展，現在不僅股票賺到價差，每年領到的股息都可以買高級自行車了。

　　我學的是機械，2000 年起我迷上折刀的鎖定機構，也參加許多刀具討論區。當時刀友心目中的「神刀」是名為 Sebenza 的折刀，在刀店的售價約 2 萬元。我看過不少刀友吃泡麵度日，存錢就為了買 1 把 Sebenza。站在我學機械的立場，我覺得這刀子不值得這個價錢，於是就在討論區上勸大家不要

「敗」（buy）這把刀子，漸漸得到「不敗教主」這個外號。

有些刀友認為，一把上萬元的刀子如果用 10 年，其實每天的成本才幾塊錢，一點都不貴；可是我總會想，如果把這筆錢拿去投資 10 年，又會變多少？為了抵擋「神刀」的誘惑，我給自己設定「股票資產達到 1000 萬元」的門檻，一直到 2008 年，我投資額破千萬時，才買進 1 把來犒賞自己。我覺得，奢侈品不是不能買，但是最好是用來激勵自己。

我的刀友們也熱衷玩手電筒，莫約 7、8 年前，手電筒進入 LED 的時代，當時不少朋友花幾千元、上萬元來買手電筒，而且為了搭配這些嬌貴的手電筒，有些高手還特地從筆記型電腦的電池模組中，拆下 18650 電池來驅動手電筒。

在當時，知道 18650 電池的人並不多，我深入研究後認為，將來的電腦一定是從桌上型逐漸走向筆電等攜帶型的手持裝置，18650 電池的需求會大量增加，於是買進專門製作 18650 電池模組的新普（6121）和順達科（3211）股票，持有至今獲利數百萬元，每年領取的股息就夠我買刀子、機械錶跟手電筒了。

上面的故事說明一件事，年輕人一定要能夠抵抗奢侈品的

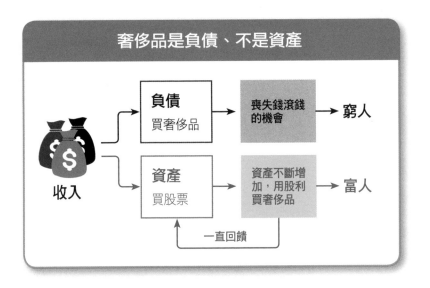

誘惑，奢侈品只是負債，它會把錢一直從你的口袋拿走。如果可以努力當個「不敗教主」，越早把錢投資在股票等資產上，將來就可以靠這些資產的股息來幫你買奢侈品，反而能越早享受到投資的成果。

「BMW」是最好的交通工具

來講一個我個人的小故事，我太太有一個弟弟跟一個妹妹，他們兩人都是公務員，也都有自己的車子。記得有一年

的 228 連續假期，岳母約了我們一家 5 口，跟他們家族去宜蘭玩。

行前我有點納悶，小舅子跟小姨子雖然都有車，小舅子一家是 4 口，小姨子一家也 4 口，還要載岳父母，加上我一家 5 口，還有一堆行李，2 輛 5 人座的小客車，哪裡塞得下？

惡夢果然成真，8 個大人、7 個小孩，總共 15 人就這樣塞在 2 輛車子中，到宜蘭玩了 3 天，現在只記得車子內真的是好擠好塞，當時我暗想：我為什麼不買車？這麼辛苦幹嘛？

在我結婚後，老婆就希望我買車，特別是在她弟弟跟妹妹都有了車子後。其實當時我的年收入已經比他們都高，但是我覺得汽車是「負債」，能免則免，所以我總是拿不會開車當藉口，能拖就拖。台北的交通建設已經很便利，我盡量用「BMW」代步，也就是遠程的靠公車（Bus）和捷運（MRT），近的靠走路（Walk）。

我在基隆當過 5 年的夜間部代課教師，每天要從家裡搭捷運到台北車站，轉搭國光客運到基隆，再搭一班公車到基隆海事職業學校上課；晚上 10 點 10 分下課後，搭車回到台北車站已經是半夜 12 點，不管颱風、下雨、寒流來，都要

一個人孤伶伶等公車，回到家已凌晨 1 點。這樣的日子堅持了 5 年，現在回想起來真的有點辛苦。當時如果有買車，到基隆教書就不用這麼累，但是年輕時的我，依然堅持利用「BMW」上下班，就是要省下買車、養車的錢來作投資！

就我個人的經驗，「投資」不一定要有很多錢，但是一定要趁年輕時盡早做，這樣才可以給「複利」發酵的時間；至於車子等奢侈品是「負債」，越晚碰越好。我一直利用「BMW」到 46 歲，才靠投資的股息來買車跟養車。

有車、沒車 財富天壤之別

自從我買車後，假日只要有好看的電影，就會開車全家出動到電影院報到。有一次看完電影，回家途中經過烤肉店，兒子說想吃，就順便進去光顧，但是附近沒有停車位，只好在黃線暫停，沒想到吃飽後車子不見了，原來被拖吊，只好搭小黃去領車，違規拖吊罰款是 1,900 元。

以前我的交通都靠公車和捷運，完全沒有停車問題。買了車後才發現，台北市停車真的是個大學問，就算幸運找到車

位，收費也不見得便宜。路邊隨便亂停，紅黃線被取締一次就是 900 元，拖吊則是 1,900 元，這筆錢可以搭很多次小黃了，還不用花時間繞路找停車位。

想要買車之前，一定要先考慮到養車的直接與間接成本，隨便買車來爽的話，簡直就是挖一個「錢坑」給自己跳，而且這個坑還會越挖越深。

養 1 輛車大概要花多少錢呢？以 2000 cc 的國產車為例，牌照稅是 11,230 元，燃料稅是 6,210 元，1 年的稅金至少 17,440 元。如果還要租停車位，台北市、新北市的行情大約每月 3,000 ～ 4,000 元，加上外出臨停等費用，停車 1 年大概要花掉 5 萬元。

此外，還有強制險、第 3 人責任險等必備的保險，大概又要花 1 萬左右；再加上竊盜險及其他費用，1 年保費差不多要 2 萬元。至於保養、美容、修理等支出，便宜算每年 2 萬元好了，這樣加起來，就是每年 10.7 萬元的花費，而這還不包含油錢。

在油錢方面，國人小客車 1 年平均行駛 1 萬 5 千公里，假設 1 公升汽油跑 10 公里，換算 95 無鉛汽油單價，假設每公

升 30 元，每年油錢就是 4 萬 5 千元，粗估下來，養車 1 年總計 15.24 萬元，平均 1 個月 1.27 萬元。

上面的計算只是理想值，開車出去玩不會只是兜風看風景，總會有其他如門票、餐飲、購物等費用，像我們一家 5 口看場電影再吃個火鍋，至少要 2,000 元；車子還有意外擦撞的可能，這些加起來 1 個月算 3,500 元好了，也就是説，養 1 輛車，每個月大約要花費 1.62 萬元，1 年算下來就是 19.44 萬元。

			買車容易養車難				
項目	稅費	停車費	保費	維修費	油錢	雜費	總計
費用	1.74 萬	5 萬	2 萬	2 萬	4.5 萬	4.2 萬	**19.44 萬**

説明：以2000 cc國產車概估每年費用。

拿 1 輛 70 萬元的國產車來算，使用 10 年後的殘餘價值接近 0 元，這 10 年下來買車和養車費用就是 70 ＋（19.44×10 年）＝ 264.4 萬元。一個年輕上班族，從 25 歲工作到 64 歲退休，這 40 年期間大約要用到 4 部車，總共的成本就高達 1057.6 萬元。1 千多萬耶，嚇到了吧！

不買車改投資 累積 4 千萬財富

單位：萬元

年齡	每年養車費	第1輛車	第2輛車	第3輛車	第4輛車	總計
25歲	19.44	70.00				
26歲	40.05	74.20				
27歲	61.89	78.65				
28歲	85.04	83.37				
29歲	109.59	88.37				
30歲	135.60	93.68				374.50
31歲	163.18	99.30				
32歲	192.41	105.25				
33歲	223.39	111.57				
34歲	256.23	118.26				
35歲	291.05	125.36	70.00			
36歲	327.95	132.88	74.20			
37歲	367.07	140.85	78.65			
38歲	408.53	149.30	83.37			
39歲	452.48	158.26	88.37			
40歲	499.07	167.76	93.68			1045.17
41歲	548.46	177.82	99.30			
42歲	600.81	188.49	105.25			
43歲	656.29	199.80	111.57			
44歲	715.11	211.79	118.26			
45歲	777.46	224.50	125.36	70.00		
46歲	843.55	237.97	132.88	74.20		
47歲	913.60	252.25	140.85	78.65		
48歲	987.85	267.38	149.30	83.37		
49歲	1066.57	283.43	158.26	88.37		
50歲	1150.00	300.43	167.76	93.68		2246.23
51歲	1238.44	318.46	177.82	99.30		
52歲	1332.19	337.56	188.49	105.25		
53歲	1431.56	357.82	199.80	111.57		
54歲	1536.89	379.29	211.79	118.26		
55歲	1648.54	402.04	224.50	125.36	70.00	
56歲	1766.90	426.17	237.97	132.88	74.20	
57歲	1892.35	451.74	252.25	140.85	78.65	
58歲	2025.33	478.84	267.38	149.30	83.37	
59歲	2166.29	507.57	283.43	158.26	88.37	
60歲	2315.71	538.03	300.43	167.76	93.68	4397.16
61歲	2474.09	570.31	318.46	177.82	99.30	
62歲	2641.98	604.53	337.56	188.49	105.25	
63歲	2819.94	640.80	357.82	199.80	111.57	
64歲	3008.57	679.25	379.29	211.79	118.26	

説明：從25歲起，將買車、養車的錢拿去投資的績效試算表，假設年報酬6%。

　　這筆錢拿來買房或投資理財，不是比較實際嗎？來算一下，如果把買車、養車的錢，投入在年報酬6%的投資上，40年後會有多少錢呢？第1年買車的70萬元本金，第2年就會變成70×1.06＝74.2萬元，依此類推。此外，第1年養車費19.44萬元，第2年就會變成19.44＋（19.44×1.06）＝40.05萬元，第3年就會累積到19.44＋（40.05×1.06）＝61.89萬元，依此類推。

　　由上頁表格中可以看出，從25歲起就把買車、養車的錢拿去投資的話，假設年報酬率為6%，40年後在64歲退休時，會變成驚人的4397.16萬元，且此後每年可以領到263.8萬元的現金股利（假設6%），就可以用股利買1輛進口車犒賞自己，而且每年都可以靠股利幫你養車子。

　　或許一般人等不到40年，但是在34歲時會累積到374.5萬元，可以當作買房子的頭期款；在44歲時會有1045.17萬元，這時候就不用煩惱子女出國留學的教育費用。年輕時省下買車、養車的費用來好好規畫，可以在35歲時協助你買房，45歲時送你的小孩出國留學，65歲退休後更可以從此海闊天空、自由自在，不用為錢煩惱。

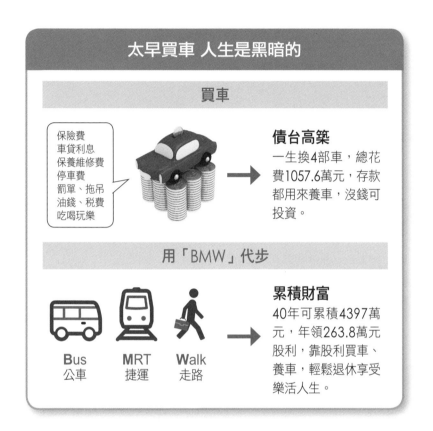

從這裡我們可以學到 3 件事：

學習❶「複利」威力驚人

只是每年少少的 19.44 萬元「養車費用」，40 年後會累積到 3008.57 萬元；如果加上「買車費用」，更會累積到

4397.16 萬元。

學習❷ 不要買進「負債」

　　儘管只是買國產車，一輩子買 4 部車就會花掉 1057.6 萬元，「買車容易，養車難」上面的數字說明一切。國人十分偏好和泰車（2207）代理的 Toyota 汽車，該公司自 2011 年起，每年獲利均超過一個股本，股價還曾經突破 500 元大關，就是要感謝大家買車的貢獻。

學習❸ 趁年輕時買進「資產」

　　善用買車跟養車的資金，拿來投資的話，40 年後會累積到 4397 萬元。人生沒有幾個 40 年，投資一定要趁早，一定要狠下心來，謝絕負債，買進資產。

有土斯有財？大錯特錯！

　　房價不斷高漲，相信是所有上班族心頭永遠的痛，要不要買房，也是所有年輕人難以取捨的抉擇。我從婚後到現在都一直窩在 30 坪的老公寓，3 個小孩逐漸長大，房子也顯得擁擠。2001 年我成為公立學校教師，工作與收入均穩定之後，

有興起買房的念頭。

那個時候我評估，工作收入約 100 萬元，而我手上有 500 萬元現值的股票，如果把股票賣光當頭期款，買進 1 間 2000 萬元的房子（當時房價還沒有現在這麼貴），立刻擁有 1 間較大且舒適的新房子，但要背負 1500 萬元的房貸。

要負債之前一定要評估自己的承受能力，依照現在房貸利率來估算，1500 萬元房貸加上利息，20 年期間總共要繳交約 1800 萬元。我要特別強調，房貸期間長達 20 年，中間一定會有升息、金融風暴等意外因素，因此總繳款金額一定要「高估」。

於是，房貸總繳金額 1800 萬元，我就將它「高估」為 2000 萬元，平均 1 年要繳交 100 萬元。以我夫妻兩人的薪水，加上我寫書的版稅，1 年收入就超過 200 萬元，況且我在公立學校的工作非常穩定，還會年年升等加薪，是可以貸款買間新房子來住得更舒服。但是仔細思考後，我依然決定繼續窩在老公寓，原因如下：

原因❶ 資產減少

賣光 500 萬元股票，每年就少約 30 萬元的股息收入，往後

20年的薪水只能繳房貸跟養小孩，沒有閒錢買股票，人生從此喪失「買進股票，靠複利成長」的機會，犧牲太大。

原因❷ 增加負債

買房一定要買車位，將來賣屋時才會比較好脫手，價錢也比較漂亮。只是買了車位一定會再買新車，不是又多增加了一筆消耗薪水的負債嗎？儘管我會得到 1 間新房子，但是房貸卻一直在淘空我的荷包，這樣的房子只能算是「負債」，不是資產。

一般人的觀念是，房子是資產、有土斯有財，怎麼可能是「負債」？儘管將來房價可能上漲，但是繳交 20 年的房貸利

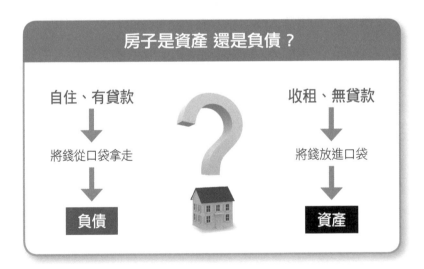

息、房屋稅、地價稅、管理費、整修費用……賣掉房子還要繳交仲介費與增值稅，你真的有賺到嗎？

其實，自住的房子，就算房價上漲也只是看得到吃不到，卻要為此背上 20 年房貸，人生從此就是「省吃儉用繳房貸」，再也沒有閒錢作投資理財，你的資產總值固定在那裡，永遠喪失大幅成長的機會，這個犧牲真的太大了。

因此，我認為「自住，有貸款」的房子，嚴格說起來並不是資產，而是負債。

繳清房貸 一無所有？

如果不想靠房貸買房，讓房貸侵蝕掉投資理財的未來，那麼就只能夠租屋了。可是，「付房租等於在幫房東繳房貸」、「繳了 20 年房租還是沒有自己的房子」，相信是所有無殼蝸牛族共同的看法。

首先，我們要面對一個現實，房子畢竟是高價品，不是人人都負擔得起，負擔不起就不要去買它。最近幾年，低利率房貸似乎提供了買不起房子的解決管道，但貸款真的是好方

法嗎？付房貸會好過租房子嗎？來看一個故事好了。

我有一個學生的媽媽今年 50 歲，在台北市開了一家髮型工作室，小小店面每個月的房租 3 萬元，她每個月大概會有 5、6 萬元結餘，於是想要到淡水買 1 間 1500 萬元的房子，充當工作室及晚年退休用，請我幫她評估。1500 萬元想在雙北市買新房子，大概只能買在淡水這樣的「蛋殼區」，我假設，她付出頭期款 500 萬元，剩下的 1000 萬元則是貸款。

首先，500 萬元的頭期款就是不小的負擔，必須將她手上的現金、股票、跟會、保險等全部處理掉，才可以支付。1000 萬元房貸如果以 2% 利率、分 20 年償還計算，月繳金額約 5 萬元，每個月繳完貸款之後，收入所剩無幾。儘管 20 年後順利繳清貸款，但是除了房子之外並沒有其他資產，自住的房子也無法帶來其他收入，就算房價漲到 2500 萬元，「不賣掉也看不到錢」、「賣掉要住哪裡？」我分析給她聽，況且她經營個人工作室，萬一生病、受傷無法工作，或是銀行升息怎麼辦？要如何因應？房貸合約一簽 20 年，不能不評估意外因素。

如果不貸款買房子呢？現在每個月 5、6 萬元的結餘，可以

買屋或租屋 左右你的未來

買屋

花光過去、現在和未來的錢，房貸升息、失業怎麼辦？沒餘錢用於投資，如何改變未來？

租屋

少少的錢，不用負擔買屋頭期款和房貸，有餘錢可以投資，努力改變未來。

用來投資理財。只要有計畫地投資績優股，1 個月 5 萬元、1 年就是 60 萬元，15 年後總計投入 900 萬元的資金。績優股靠著配股配息成長 1 倍到 1800 萬元並不是難事，只要 5% 的股息殖利率，1 年就有 90 萬元的股息。而且在她 65 歲後，每年可以從保險領取約 20 萬元養老金，可以讓她在淡水租 1 間房子。此後，光靠股息就年領近百萬元，退休的日子不就很輕鬆！

　我分析優缺點之後，給她自己去判斷，買房要 20 年「傾盡所有」，而最後「只有 1 間房子」。如果是租房子，將剩下

的錢拿來投資績優股,雖然沒有自己的房屋,卻有更寬廣的空間。

一般人普遍存在「有土斯有財」的概念,買房就是要傳承給子孫。但是我跟她說:「你有 2 個兒子,1 間房子不夠分。」如果按照我的規畫,她在 65 歲後每年可領近百萬元股息,不要全花完,將剩下的錢繼續投入理財,再過 20 年還可以至少成長 1 倍到 4000 萬元,到時候就算人走了,一個兒子分 2000 萬元股票,每年領股息不是比較好嗎?

看完上述分析後,聰明的讀者會如何選擇呢?現在房貸利率還在低點,一般人貸款買房,往往忽略買房是很貴的投資,而且沒有仔細思考,20 年後房貸繳完後,你得到了什麼?你又損失了什麼?

22K不夠用 轉個彎解決問題

努力開源、增加收入,是加速投資績效的最快路徑。我有一個朋友,44 歲時才來找我幫他作投資規畫,他想在 50 歲退休,然後每年都要有 100 萬元的生活費。乍聽之下,會覺

得難度頗高,但是因為他年輕時非常認真工作,具有很高的專業能力,因此每個月可以拿出 20 萬～ 30 萬元來投資,他理財成功的機率會比一般人來得高,也來得快。

工作專業和投資理財,孰輕孰重?會理財就不用在乎工作專業嗎?我認為兩者都很重要。年輕人剛出社會在選擇工作、學習專業之時,不要只是斤斤計較薪水和福利,而是要看見其中所能帶給你的「邊際效應」。

拿我自己的經歷來說,2000 年我結束 5 年的基隆代課生涯,深深覺得,代課只是浪費生命,而且完全沒有學到專業能力。當時我考上台北捷運公司,它算是寡占事業,員工薪資、福利也不錯,我的起薪是 4.6 萬元,接受員工訓練談到薪資結構時,記得聽到高階員工的薪資是 9 萬多元。

當時我就決定要離職,因為我認為,就算認真工作 20 年,也不一定可以升到那麼高的職位(公家機關只要沒有「缺額」,再努力都升不上去,而且一旦有缺額,早就有很多人在排隊)。在台北捷運公司,就算我不認真工作,「不求有功、但求無過」,20 年後應該可以領到 7 萬多元的薪水,那我還拼幹嘛?所以在報到 3 天後,我就遞出了辭呈。

後來我到出版社上班，薪水比捷運公司來得低，不過，出版社的工作是編寫高職教科書，讓我可以一邊寫書、一邊讀書，也得以順利考進公立高職，當一個捧著鐵飯碗的公務員。藉著在出版社寫書的經驗，我進入學校後，陸續寫了10幾本高職教科書，每年領到的版稅都成為我投資理財的穩定活水。

一個決定，讓我離開穩定的捷運公司進入私人公司，然後考上公立學校，而且可以寫書賺版稅、投資股票，這個就是我說的「邊際效應」。工作的前景及邊際效應，攸關你一輩子的收入及所學的技能，所以一定要有自己的方向，不要隨波逐流。

我在當代課教師期間，利用假日到高師大進修取得教師證；在出版社上班時，也利用假日到淡江大學取得數學學分，因此我擁有機械及數學2張教師證，也開始編寫數學教科書。我一邊教書、一邊寫書賺版稅（投入股市），目前還指導學校的投資理財社團，讓我可以光明正大研究投資，順便教導學生理財知識，這就是我這份工作的「邊際效應」。如果當年我貪圖穩定待在捷運公司，沒有轉業到私人公司上

班，就沒有這個「邊際效應」了！

　年輕人與其抱怨 22K 不夠用，還不如思索一下將來想從事何種工作？這個工作的前景如何？有哪些開源的機會？以及它的「邊際效應」在哪裡！

第3章

存股的威力
靠股息養股票

靠著手中電子股生出來的股子、股孫，6年間我不花自己1毛錢，買了300張中信金，我打算繼續買進便宜好股票，預計7年後可以每年領300萬元股息，從此快樂退休。看起來似乎很輕鬆，但這卻是我堅持30年投資所得的果實。

存股票的好處是：很多公司會幫我付帳單。2014年小女兒升國一，一直拜託我買手機給她，我故意讓她求了我一個暑假，才帶她買了Asus Zenfone 5，要讓她知道錢不好賺，順便計算給她看，一般人要工作多少天，才可以買得起手機，讓她曉得錢難賺之後，我跟她說，手機是「Asus（華碩）董事長」送她的。

因為華碩（2357）的股票我從股價幾十元就抱到現在，2014年給我的股息等於免費送我20支手機。然後我跟她說：「我們拿1支出來用就好了，其他手機繼續存在Asus，讓它們生小手機。」女兒很開心地說：「爸爸，這樣Asus每

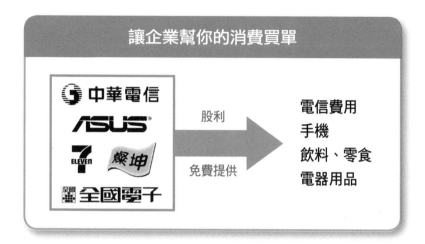

年都會送我們很多手機！」這就是存股票的好處。今年夏天我也要幫兒子換手機，只要施崇棠努力工作，我的小孩每年都有免費的 Asus 手機。

　什麼是「存股」？股票要怎麼存？有什麼好處？要注意哪些事情？來看看下面這個例子！

存股的驚人威力

　有一次我在準備學校的投資理財課程教材時，隨手拿了台股編號 1101 的台泥當例子，講完課後讓我覺得，一個大好

台泥（1101）近10年績效

單位：元

年度	現金股利	股票股利	股利合計	平均股價	EPS
2004	0.35	0.35	0.7	17.5	0.6
2005	0.7	0.5	1.2	20.0	1.59
2006	1.41	0.16	1.56	25.1	1.97
2007	1.7	0.1	1.8	37.8	2.2
2008	1.9	0.1	2.0	38.5	2.55
2009	1.32	0	1.32	32.4	1.75
2010	1.8	0	1.8	30.4	2.26
2011	2.0	0	2.0	36.8	2.43
2012	1.9	0	1.9	35.8	2.33
2013	1.9	0	1.9	39.8	2.09
2014	2.3	0	2.3	45.7	2.72
總計	17.28	1.21	18.48	—	—

資料來源：證交所

的理財和獲利機會，10年前居然沒有把握到，真是搥心肝。

我們從台泥最近10年的營運、股價和股利發放，來看看我為何會「搥心肝」的原因，如果我在2004年以均價17.5元買進100張台泥股票，需要175萬元。從2004～2014年總共可以領到17.28元的現金股利，100張就是172.8萬元，再加上股票股利的話，100張會變成112.633張（以複

利累積），賺了 12.633 張，價值約 50 萬元，總共領到的股利就是 172.8 ＋ 50 ＝ 222.8 萬元，遠超過當初買進的成本 175 萬元。

也就是説，就算我在 2004 年借了 175 萬元買台泥股票，這些年來，光憑「台泥給我的股利」就可以把借款還清，而我「沒有花自己 1 毛錢」、「沒有在台泥上過 1 天班」，就這樣憑空賺了 100 張台泥股票。

然後這 100 張台泥股票，單在 2014 年就給了我 23 萬元的現金股利，可讓我全家出去看電影、吃大餐、旅行，也能充當小孩的教育基金，而且台泥的股價又上漲了 2 倍多，想到這裡又要搥心肝。

平心而論，台泥不算是未來明星產業，很多「積極型」的投資人會忘了它的存在，但是長抱 10 年下來的果實，卻又是這樣甜美。唉！千金難買早知道，真的要認真學習投資理財，你的未來才不是夢。

從上面的例子，可以看出存股的 3 大要素：

要素❶ 挑一家好公司

好公司的重點是「每年要賺錢」、「獲利要穩定」，最重

要的就是「每年要發放股利」。看看台泥，就符合這個要點。獲利不穩定或發不出股利的股票，就不適合存股了。

要素❷ 趁它倒楣的時候買

如果是大家都知道的好公司，股價一定都很貴，你看台積電（2330）和大立光（3008）就知道了。10 年前的台泥，股價平均值是 17.5 元，比現在的 40 幾元低了不少，為什麼當時會那麼便宜呢？

2002～2003 年 SARS 肆虐全亞洲，當時的房地產市場急凍，水泥的需求不振，台泥股價當然好看不到哪裡去！可是仔細評估，並非台泥這家公司的治理、獲利能力有問題，而是受到外在的利空因素所影響，這就是「好公司碰上倒楣事」，可以逢低買進了。好公司的股票一定要買在它倒楣的時候，才可以發揮渦輪增壓、1 加 1 大於 2 的效果。

要素❸ 長期持有

SARS 風暴很快過去，中國大陸經濟起飛，台泥緊緊抓住趨勢而崛起，獲利開始穩定攀升，也開始穩定發放股利。如果在賺到價差時，輕易停利賣出台泥股票，也就享受不到每年源源不絕的股利了。

賺股息、還是賺價差？

投資股票的目的不外是賺錢，股票的獲利通常有兩個方面，繼續來說明一下：

獲利❶ 股利

上面講的 100 張台泥股票，10 年下來可以領到 172.8 萬元現金股利，以及 12.633 張股票，這個就是「股利」。如果繼續持有，每年還可以領到 20 幾萬元股利，只要台泥這家公司不倒閉，每年都有錢可以領。投資一家好公司的股票，有時候主要的目標就是「股利」。

獲利❷ 資本利得

亦即價差，今天的 100 張台泥股票總價值，已經不是 10 年前的 175 萬元，而是 434 萬元（以 2014 年底股價計算），價差高達 259 萬元，這個就是資本利得。

上面這個例子，完美說明了「什麼是股票投資」。可惜我 10 年前還不懂，真的是搥心肝！趁這個機會再來講一下「股子」、「股孫」的觀念。

如果你是短線投資客，那麼會比較重視價差，賺了就獲利

了結。如果是長期的「存股族」，資本利得不是重點，重點在於「股利」提供你的「現金流」。前面說到 100 張台泥股票，2014 年會配發 23 萬元現金股利，這是由股票產生的，所以叫做「股子」。如果拿這 23 萬元的「股子」，繼續買進中信金（2891）股票，2015 年中信金又會配發股利給你，這是由「股子」所產生的，就俗稱作「股孫」了。

存股票的重點，就是要善用好公司給你的股利現金流，讓它不斷地幫你生下一大堆的股子股孫。以後這些子子孫孫還會自己不斷地繁殖，「多子多孫」就會照顧你的生活起居，讓你無憂無慮的樂活一生。

好股票抱20年也不要放

大家應該看過這樣的問題：「如果你想要有 1 棵大樹可以吃果子、乘涼，什麼時候種樹最好？」答案不是春天、不是秋天，而是「20 年前」。如果 20 年前把種子播下，現在就可以好好享受成果。

買股票其實是在「投資 1 家企業，然後跟隨企業成長」，

企業不可能一瞬間變大；同樣的，投資股票也不會一夕致富。拿台積電這家台灣最賺錢的上市公司來做例子，從 1987 年成立，經過 20 多年的努力，才成為全世界最大的專業積體電路製造公司。股票其實是等待的利益，想要投資股票，越早越好。

　　我審視了自己投資成功的經驗，其實也都是「播下種子、把樹養大、收穫果實、繼續播種」的過程。但是在播下種子之前，如果你能預見 20 年後哪種水果的價值最高，就能增加投資的績效。

　　投資不要盲目，一定要分析產業的未來發展趨勢，一旦看準，只要低價買進、長期持有，產業興起的浪頭就可以一路帶你上天堂。投資股票，不能只是分析過去的數據，更重要的是要放眼未來。

　　最近 20 年，電子業的主流產品從桌上型電腦、筆記型電腦，變成現在的智慧型手機與平板電腦。不論是坐捷運、在餐廳用餐，每個人手機、平板滑個不停，這就是未來的趨勢，商機在這裡。手機、平板要跑得快又順，需要好的 IC；要玩得久，電池容量要大；影音看起來要過癮，需要的就是

液晶螢幕。IC、電池、液晶螢幕,這些就是關鍵零組件。

　IC方面我長期持有台積電(2330),全世界的電子業都需要它生產的IC;電池產業我投資新普(6121)和順達科(3211),它們是蘋果(Apple)的主要供應商。至於液晶螢幕產業,因為已經陷入低價競爭,相關廠商如友達(2409)、群創(3481)還在艱困等待轉機,所以我把重心轉向IC設計的聯詠(3034),因為液晶螢幕都需要驅動IC。

　只要未來科技的主流趨勢不變,上面的股票我就會長期持有,長抱這些股票多年,這幾家公司每年都發給我不錯的股息。但是電子產業的變化太大,為了分散風險,我漸漸把投資標的轉向金融股,看上「穩定成長」的魅力,中信金就是我種下的另一棵樹。

金融股是存股好選擇

　記得在2007年看過一篇報導,有位大戶專門做中信金(2891)的股票,他習慣在低點10幾元的價位買進上萬張股票,如果股價不漲,光靠領到的股息就可以讓他遊山玩

水。等到幾年後股價上漲至 20 幾元時，就賣光出場，價差賺進數千萬元，又可以開始遊山玩水，然後再慢慢等股價跌回 10 幾元。

這故事看得我亂羨慕一把的，於是在 2008 年中信金股價從 25 元跌下來後，我便在 20 元左右開始買進。但買進沒多久，馬上碰上全球金融大海嘯，股價溜滑梯地往下滑，最恐怖的時候只能夠用「深不見底」來形容。

當時雖然心裡會怕，但冷靜評估後，我認為中信金是國內的消費金融龍頭，而且政府也不可能讓它倒閉，況且除了 2006 年虧損外，該公司一直維持穩定獲利，我於是持續往下加碼，越跌越買，就這樣買了 80 張左右。

在這之前，我買股票偏愛電子股，但是隨著我的股票部位逐漸變大，決定買進金融股來分散風險。相較於電子股，金融股穩定多了，特別是公司的資產淨值，電子公司在倒閉拍賣時，廠房與機器設備搞不好是有行無市，實際成交金額恐怕比帳面上的淨值來得低，但是金融股有許多分行和企業總部，這些都是紮紮實實的土地資產。我規畫金融股成為我的核心持股之一，就是看上它的穩定。

綁肉粽理論的吸星大法

只是金融股的股性比較牛皮,所以買進後不要指望短期可以賺到許多價差。小時候端午節我看阿嬤綁肉粽,總要花很多時間準備糯米、配料,還要一顆顆慢慢綁,真的是很麻煩。但是肉粽蒸好後,就可以「整串拿來吃」,投資金融股其實跟綁肉粽差不多,也是要花好幾年持續買進,最後在高價時就可以「整串拿來吃」。

買進 80 張中信金之後,我持續觀察它的獲利與股價,由於獲利不錯,股價也在歷年平均值之下,只要股價下跌,本益比在 10 倍以下,我就會開始慢慢買進,8 倍以下更會努力加碼買進。

持有中信金期間,我經歷過 2 次現金增資,一般人可能會利用「賣老股買新股」的方式,賺取現增的價差。但是對我來說,現增反而是低價加碼的好時機。就這樣持續買到 2013 年底,我已經持有 200 多張中信金。

2014 年上半年,因為中信金與台壽保合併案破局,加上服貿爭議導致立法院被攻陷,金融股開始補跌,中信金從 20

元開始往下走。當時我便認為，服貿的紛爭僅屬「短線利空」，中信金第 1 季獲利不錯，還有合併日本東京之星銀行的利多，而且 2013 年底沒有賣成的信義區總部大樓，極可能在 2014 年底賣出。評估之後我逢低買進了 75 張中信金，最低買在 18 元，光是這 75 張，除權息後不僅獲得 20 幾萬元的潛在利潤，也使得我持有的總張數達到 313 張。

有時候我覺得，投資金融股其實很容易，只要是績優龍頭股，歷年來均有穩定的配股配息，「逢低慢慢買」就好了。從 2008 年開始買進，6 年的時間我存了 313 張中信金，不僅總資產增加，往後每年還可領到數十萬元股息，可以讓我持續買進更多的績優股票。

買股票不必要靠自己傻呼呼賺錢和存錢，也可以參考一下「吸星大法」，靠別人的功力來幫你打天下。我這 313 張中信金，大約有 200 張是我花錢買進的，其他 100 多張是中信金自己的配股配息。而這買進的 200 張，其實是我利用手上電子股的配息（例如台積、聯詠、新普、順達、華碩……）買進的，嚴格說起來，我自己並沒有出 1 毛錢，就這樣增加了 313 張股票，從中我們可確認存股票的優點：

優點❶ 輸的機率極低

我用電子股的股息來買進中信金，再靠中信金的股息來「自我繁殖」。嚴格說起來，我自掏腰包的成本接近於 0，除非中信金倒閉，不然我不可能輸。

優點❷ 增加現金流

中信金成為我的資產，每年貢獻我幾十萬元股息，就如同一股現金流，持續幫我灌溉其他股票，我的資產只會逐漸長大。中信金存夠了，基於分散風險的考量，我把 2014 年中信金給我的配股配息，拿來投資台新金（2887），預計持續存到 500 張。

「為何獨鍾金融股？」或許大家會這樣問，其實我滿手的電子股，我也看好電子股在股市的領頭羊角色，只是電子股的波動比較大（看看宏達電就知道了），而且電子產業繁多，研究起來很花時間，所以我買進金融股來分散風險。

其實，台灣金融股的獲利都不錯，以中信金、第一金（2892）和台新金為例，最近 5 年幾乎都配發超過 1 元的股利，而且股價長時間在 10 幾元的低檔，在在符合「便宜好股票」的定義。

金融股獲利穩健成長									單位：元
股利發放年度	中信金			第一金			台新金		
	現金股利	股票股利	合計	現金股利	股票股利	合計	現金股利	股票股利	合計
2010	0.64	0.64	**1.28**	0.5	0.25	**0.75**	0	1.1	**1.1**
2011	0.73	0.72	**1.45**	0.3	0.6	**0.9**	0.23	0.7	**0.93**
2012	0.4	0.88	**1.28**	0.4	0.6	**1.0**	0.22	0.89	**1.11**
2013	0.71	0.7	**1.41**	0.45	0.65	**1.1**	0.22	0.89	**1.11**
2014	0.38	0.37	**0.75**	0.5	0.7	**1.2**	0.43	0.99	**1.42**

資料來源：證交所

　　仔細觀察，從 2009 年金融海嘯至今，金融股的獲利穩健成長，股價也穩健往上，每年配發穩定的股利（特別是股票股利），光填權息就有接近 10% 的報酬率。

　　投資股票就是「知易行難」，肯認真去落實才是重點。年輕時我省吃儉用，花了 10 幾年的時間存電子股，又花 6 年時間用電子股的股息存了 313 張中信金。從今年起，我預計再花 7 年時間繼續買進「便宜好股票」，預計 7 年後應該可以每年領到 300 萬元股息，從此退休遊山玩水了。

　　上述的過程看起來或許輕鬆，但是將耗費我 30 年歲月的堅持，慶幸的是，我在年輕時就開始投資，而且我一直堅持。

第**4**章

忘掉股價
才能抱住金雞母

> 投資人都想達到「低買高賣」的神之境界，但股票會讓你賺錢，一定有原因，不要輕易讓它「自我了斷」。基本上，我賣出股票獲得資金，是為了趁機買進被市場低估的股票，「長期持有好公司」的投資策略，才能壯大你的投資王國。

　　價格是你買進時所花的費用，價值則是你會得到的報酬，對我來說就是「現金流」。

　　例如你花了 1000 萬元買進 1 間店面，每年可以收到 60 萬元租金，這個 1000 萬元便是你付出的「價格」，而 60 萬元租金則是店面「價值」所帶來的「現金流」。價格會波動，房價可能會漲到 1200 萬元，但是不賣掉，你也拿不到這筆錢；它也可能跌到 800 萬元，但是你不賣掉，就不會賠錢。

　　有店面在手的人，通常心情不會隨著房價起伏，因為他們看中的是店面的「價值」，也就是每年 60 萬元的租金。當「價格」漲到 1200 萬元時，屋主不會為了賺 200 萬元

價差，而放棄每年 60 萬元的房租；同樣的，當「價格」虧損 200 萬元時，屋主也不會難過，因為「店面還在」，而且「每年還有 60 萬元可以領」。

上面這個例子說明，價值其實遠遠優於價格，價格會波動，而且往往不可預測；價值則比較穩定且長久，而且可以經由精確的計算來預估。買進店面時，你會先評估每年可以收多少租金，假設是 60 萬元，那麼只要持有 17 年就能回本，往後的房租都是淨賺。如果你願意長期持有超過 17 年，「價值」就會大於「價格」。

手中有股票 心中無股價

講房子大家通常很理性，會看見「價值」；講股票卻會很情緒化，往往只看見「價格」，因為大家每天都可以看見股價的漲跌，可以計算出自己賺了多少、賠了多少。情緒不知不覺間跟著「價格」上下起伏，漸漸就看不見股票的「價值」，股票有像店面一樣的價值嗎？

拿鴻海（2317）做例子好了，2008 年金融海嘯期間，鴻

海股價從 300 元的高點滑落到 50 元附近，當真是腰斬再腰斬。以當時郭台銘董事長的持股來計算，「帳面上」就是 1 千多億台幣的損失，一般投資人大概都會認為：「早知道在 300 元賣掉，50 幾元再買回來就好了。」這麼想就是只看到「價格」。

郭董當年沒有賺到這筆 1 千多億台幣的價差，那麼他有賠很大嗎？金融海嘯警惕他要努力經營公司，讓公司更有競爭力，郭董在 2014 年領到的現金及股票股利，加起來就超過 100 億台幣。

因此，郭董根本不會在乎公司的「價格」，因為他知道「價格」是假的，只要他努力經營公司，每年就可以安穩領到百億元股息，這才是他要的「價值」。

仔細觀察正派經營的績優公司，董事長跟大股東們，有誰會頻繁買賣股票做價差呢？又有誰會在股價高點拼命出脫股票呢？他們幾乎都是「手中有股票，心中無股價。」

股票其實就是「公司的一小部分」，好的公司可以為你帶來穩定的股息收入，所以，股票跟土地、店面一樣，都是「有價值的資產」。

算出股票價值 跌到谷底不用怕

股票價值 = 股利現金流 × 欲投資年數

拿聯詠（3034）作個例子，如下表所示，最近 10 年的平均股利是 6.42 元，那麼讀者覺得，多少元以下買進才合理

聯詠（3034）近 10 年股利

單位：元

年度	每股股利	股價			EPS
		最高	最低	年均	
2005	6.75	204.0	95.5	142.0	12.21
2006	9.09	255.0	134.5	177.0	12.07
2007	8.20	191.5	104.0	151.0	14.02
2008	8.65	125.0	23.5	79.4	6.18
2009	4.55	109.5	31.5	71.7	6.78
2010	5.00	113.0	73.2	92.9	7.69
2011	5.80	101.0	61.0	83.1	6.16
2012	4.60	125.5	73.8	95.7	7.36
2013	5.59	158.0	104.5	126.0	7.81
2014	6.00	163.5	117.5	144.0	—
平均值	6.42	154.6	81.9	116.28	8.92

資料來源：證交所

呢？假設願意長期投資 20 年，總共會收到 128 元的股利，這支股票的「價值」就是 128 元。不過公司的營運會隨景氣波動，獲利也有高有低，所以我習慣打個 8 折，也就是 100 元。於是乎，當聯詠的「價格」低於 100 元的「價值」時，我就會慢慢買進。

前面的價值計算方式只是「預估」，重點在於「避免買太貴」，價格高過價值的股票，我寧可慢慢等，只要有耐心，一定可以等到很迷人的價位。

從最近 10 年的資料看來，聯詠總共有 7 年可以在 100 元以下買進。記得 2008 年聯詠股價跌到 100 元以下時，我就開始分批承接，但是金融海嘯的威力遠勝過我的預估，股價就這樣腰斬再腰斬，最低還跌破 30 元。

當時我看著 30 元左右的股價，要說自己心裡不會恐慌、不會擔心「公司會不會倒閉」，那是騙人的。但是我仍會理性評估，以每年約 6 元的股利來計算，買進聯詠的股票，只要「5 年內公司不倒閉」，我就回本了，而且往後每年領到的股利全都是淨賺，於是我強壓下內心的恐慌情緒，繼續勇敢買進。

人是感情的動物，又喜歡追求群體的認同，因此往往是：看見大家買股票，就跟著一起買；看見大家賣股票，也跟著一起拼命賣。結果就是買在高點，賣在低點。

股神巴菲特說：「當大家恐懼時，我要貪婪。」當市場瀰漫著一片恐懼氣息時，更需要理智地計算股票的價值，唯有「對價值的貪婪」戰勝「對價格的恐懼」，才能低價買進有價值的好股票。

好股票放越久 成本越便宜

投資股票最重要的是「計算股票的價值」，從而選出「低價有競爭力」的股票。拿聯詠來說，即使在金融海嘯期間，每股盈餘（EPS）仍然能維持在 6 元以上，這個數字就說明了公司的競爭力。金融海嘯後，聯詠 EPS 穩定地從 6 元逐漸成長到 2014 年的 11.85 元，表示不僅公司具有優秀的競爭力，同時產業的景氣也在上升階段，這時候公司的價值也可以往上調升。

那麼當「價格」高於「價值」時，要不要賣出股票呢？如

果只是短線進出做價差，當「價格低於價值時買進，當價格高於價值時賣出」，確實是獲取資本利得的好方法。但是我幾乎只做長期投資，因此除了「價格」與「價值」之外，我更在乎「成本」。

我持有多年的聯詠，如果加上這麼多年的配股配息，我的「持股成本」應該在 50 元以下。以該公司 2014 年配發 6 元現金股息來計算，投資人在除息前以 150 元買進，現金殖利率就是 4%（6 元 ÷150 元）；但是以我的「成本」來計算，則是 12%（6 元 ÷50 元），相對來得高。因此，對我來說，「價格」僅供參考，就算股價跌到 100 元，只要繼續配發 6 元股利，我一樣可以獲得 12% 的高報酬，所以我研究股票的重點還是在於它的「價值」，也就是每年穩定的股利。

有價值的股票，最迷人之處就是「持股成本」會逐年降低，每除權息 1 次就降低 1 次成本，成本越低，持有的股票就越安全，就算聯詠股價跌到 50 元，我一樣不會賠錢。當你滿手都是「不會賠錢」、「有價值」的好股票，你只要把每年領到的股息，繼續灌溉其他有價值的好股票，達到財富自由只是遲早的事。

恐慌者的障礙＝有錢人的機會

冬天午後，暖暖的陽光灑在肩膀上，1 位美女牽著可愛的小狗，悠閒地漫步在公園裡，活潑的小狗跑個不停，時而超前、時而落後，但總是離不開牠的主人。小狗跟主人，就可以拿來比喻「價格」與「價值」的關係，小狗（價格）雖然活蹦亂跳，但總離不開主人（價值）。

當主人往前進（獲利上升、價值增加）時，儘管小狗（價格）落後，但是不久後還是會快步跟上；同樣的，當主人回頭（獲利下降）時，儘管小狗還在前面（價格處在高檔），沒多久一樣會乖乖回來。只要眼光看得夠遠，你會發現，「價格」其實是跟「價值」常相左右，所以，一旦你能準確預估價值的動向時，價格就很難逃出你的五指山。

當小狗（價格）向後跑時，要先觀察主人（價值）的行進方向。回顧 2013 年上半年，台股在證所稅紛擾下，6 月跌破7700 點。鴻海股價從當年初的 90 元附近，滑落到 6 月的 70元以下，期間外資大砍鴻海股票超過 100 萬張，從技術分析來看，線型不論是短、中、長期，均呈現下彎與空頭排列，

在上半年有買進鴻海股票的投資人，無不住進套房。

　然而，2013 年鴻海第 2 季的營收，呈現淡季不淡的態勢，合併營收達 8968 億元，比第 1 季提升 10.86%。董事長郭台銘也在股東會表示，鴻海 2013 年 EPS 可以超過 8 元。如此計算，當時的本益比還不到 9 倍，就算買股票後住進套房，也會住得安安穩穩。郭董又宣示，在往後 10 年，本業業績仍可持續成長，就表明公司仍會大步向前走。2013 年 9 月，蘋果公司推出 iPhone 5S，再為鴻海的營運注入強勁的成長動能。儘管上半年買進鴻海後開始一路下跌，但是觀察下列趨勢，其實就不用擔心：

● **第 2 季營收成長；**

● **董事長掛保證 EPS 超過 8 元；**

● **本益比極低；**

● **下半年有 iPhone 5S 推出利多。**

　此時很明顯的是「價值」持續往上，而「價格」落後價值，落後的「價格」遲早會向「價值」靠攏。

　再看看 2014 年，由於預期 iPhone 6 熱銷，鴻海股價持續走高。通常來説，當價格往下跌時，一般投資人眼中只會看到

「障礙」，會讓「恐懼」擋住他的行動；但是有錢人眼中卻是看見「機會」，他會仔細判斷，如果價值是穩定往上，非但不會低點恐慌賣出，反而是勇敢地逢低買進。

從藍海市場找長抱股

然而，並非所有下跌的股票都可以逢低持續攤平，特別是獲利衰退且經營者缺乏誠信的公司。我曾經在 2007 年，以百元價位買進當時號稱「光學界鴻海」的亞洲光學（3019），買進後沒多久就碰上金融海嘯，股價如溜滑梯般一路向下，腰斬再腰斬。套牢這麼多年期間，記得董事長年年喊話：「明年拼由虧轉盈。」卻硬生生連虧 5 年。由於經營者搞不清楚自己公司何時會賺錢，最後我只好認賠殺出。

在 2008 年之前，亞光是幾乎年年賺近 1 個股本的好公司，只可惜忽略了未來智慧手機的發展，錯失廣大的藍海，而投入資源研發的數位相機鏡頭，也隨著數位相機產業沒落而好景不再。至於飽受市場期待的微投影，也一直處於「只聞樓梯響，未見人下來」的窘境。由這裡我們可以發現以下 3 個

重點，得知哪些股票不僅「絕對不要逢低承接」，反而要勇敢認賠：

重點❶ 經營者的誠信

年年喊「由虧轉盈」，卻年年虧損，有何誠信？投資人還能夠相信什麼？就算不怪他惡意坑殺投資人，但是經營者根本不知道公司何時會賺錢，還不如認賠殺出，早死早超生。

重點❷ 產業的趨勢

儘管過去獲利十分耀眼，但是切記「股票是看未來」，過去的獲利並不是未來的保證。在 2002 年，亞光與大立光（3008）的獲利與股價不相上下，可以說是「一時瑜亮」。但是亞光持續投注在「未來」會變成夕陽產業的數位相機，大立光則是預見「未來」智慧型手機的廣大市場，積極搶先進入新藍海。10 年下來，2 家公司股價居然相差達 40、50 倍！投資電子股，切忌不要留戀過去，一定要了解產業的未來趨勢。

重點❸ 金融海嘯的洗禮

在景氣好時，所有公司都可以分到一杯羹；但是在景氣嚴寒至極時，才可以看出誰有真功夫。金融海嘯成了亞光、大

好股票才可以逢低攤平

經營者誠信

不斷公開釋放好消息，卻拿不出成績的公司，要特別小心。

產業趨勢向上

公司過去獲利不代表未來獲利，了解產業未來才重要。

禁得起考驗

在景氣低迷時能禁得起考驗，待景氣回升後獲利會很可觀。

立光的分水嶺，有技術、有遠見的大立光一路勝出，亞光則是開啟了年年虧損之路，投資人無語問蒼天。金融風暴其實可以淘汰掉體質較差的企業，最後讓體質好的公司「贏者通吃」。如果能夠在景氣低迷時，發掘出有競爭力的好公司，持續抱牢到景氣熱絡之時，獲利將會十分可觀。

　同樣的道理可驗證於 2011 年股價「起高樓、樓塌了」的宏達電（2498），儘管一再釋放利多消息，諸如新品發表、買庫藏股護盤、王雪紅自己買進 5 千張……獲利依然沒有起色，股價依然不振。「經營者誠信最重要」這句話，相信大家很能體會，這是觀察一家公司的最重要指標。

　宏達電究竟能否重返榮耀？一樣來看看產業的未來。如今大陸小米、華為等低價手機崛起，台灣也有 Asus（華碩）在

虎視眈眈，高階手機又幾乎被三星、蘋果等大廠壟斷。競爭者眾，智慧型手機產業從「藍海」逐漸變成「紅海」，這個仗實在不好打。科技股一旦錯失先機，股價極可能「豬羊變色」，投資人應特別注意。

買了就漲 越漲越要買？

2014 年 6 月 24 日台積電（2330）召開股東常會，董事長張忠謀在會中提到：「我不評論股價，我是以行動來證明。台積電股價在 60 ～ 70 元時我一直買，106 ～ 107 元的時候我也買！」他強調：「買的絕對沒賣掉過，現在看起來也是對的。」「我是一個基本面的支持者。」

從歷史股價來推估，張忠謀應該是在 2010 年開始買進，一直買到 2014 年初。我們先看一下右頁表格的台積電 2009 ～ 2013 年營收及獲利。我們可以看出張董事長「股票一買就漲，越漲越買」的原因：

原因❶ 營收開始成長

金融海嘯後，2010年營收成長41.9%，往後每年均正成長。

台積電（2330）近年獲利

年度	營收（元）	營收成長率	EPS	EPS成長率
2009	2957 億	-11.3%	3.45 元	-10.6%
2010	4195 億	41.9%	6.24 元	80.9%
2011	4271 億	1.8%	5.18 元	-17.0%
2012	5062 億	18.5%	6.41元	23.7%
2013	5970 億	17.9%	7.26 元	13.3%
2014	7628 億	27.8%	10.18 元	40%

資料來源：證交所

原因❷ EPS 大幅成長

2003 ～ 2009 年 EPS 平均為 3.8 元，2010 ～ 2013 年平均則躍升為 6.3 元，2014 年更高達 10.18 元。

原因❸ 公司競爭力強

台積電在成立的 27 年中，有 25 年超越全球半導體的平均成長，而且每年持續大筆資本支出，研發最新技術，並不斷擴充產能。2015 年資本支出將達到 115 億～ 120 億美元，超越 Intel 成為全球半導體廠之冠。

原因❹ 需求暢旺

手機、平板的需求逐年增溫，加上未來網際網路、物聯

網、車聯網的需求，高階晶圓代工產業供不應求，技術最先進的公司將會「贏者通吃」。

由此可見，股票一買就漲，還要不要再買呢？首先要判斷上漲的原因，如果是基本面改善，如公司競爭力提升、產品需求增加、產業景氣翻揚等正面因素，再順便觀察營收、獲利，若是逐步上揚，就可以放心地追價。

相反的，如果公司基本面展望不佳，或是產業前景往下走，因為資金炒作導致股價上漲，還是要趁早出脫為妙。基本上，當我賣出股票、降低持股水位，獲得資金後，是為了趁機買進股價被市場低估的股票。我還是偏好長期持有好公司的投資策略，然後再加上適當的換股操作。

短線操作的基本原則

投資人都想達到「低買高賣」的神之境界，可惜大家都不是神仙。影響股價漲跌的因素很多，隨便做價差，最怕的是被清洗出場，反而錯失了後面的主升段。我從 1995 年持有台積電至今，在 2003 ～ 2010 年期間，股價只在 60 元附近

橫盤整理，而且很難越過 70 元。2011 年初，股價最高站上 78.3 元，創下 9 年來新高，當時就有想過要逢高出脫，然後在低點再買回來「賺價差」。

幸好我當時沒有魯莽行事，因為從 2012 年起，台積電的股價一路往上，2015 年 3 月 2 日最高達到 154.5 元。由此可見，當公司獲利成長，而且產業景氣往上時，如果隨意做價差，下場往往是「賣出後買不回來」，或者是「賣出後要用更高的價錢買回來」。

當股價漲勢停歇開始橫盤整理，此時就可以嘗試做價差。我從 2007 年持有聯詠（3034）至今，發現 2014 年底的漲勢暫歇，於是在 170 元附近來回做價差。那麼我就不怕被清洗出場嗎？我做了下面的分析：

分析❶ 上有屋頂

170 元是聯詠從 2007 ～ 2014 年的最高價區，獲利了結的賣壓比較重，除非公司獲利大幅上揚，否則想要越過而繼續大漲，不是那麼容易。

分析❷ 知足常樂

持有多年，加上配股配息及低點買進，就算在 170 塊錢

賣光後，股價依然持續上漲，反正我也賺夠了，可以獲利了結，「錢」進其他績優股票。

分析❸ 分批避險

做價差時我通常不會一次賣光，反而是分批慢慢賣，一邊賣出一邊觀看股價的氣氛，可以避免一次賣光而錯失後面的大漲。2015 年初，聯詠股價飆上 199.5 元的歷史新高，幸虧我只用少部分做價差。

做價差 要精算成本

做價差要考慮交易成本，以免獲利被政府的證交稅、券商的手續費賺走，到頭來白忙一場。計算成本的步驟如下：

步驟❶ 賣出

假設在 173 元賣出聯詠，賣出時要繳交 0.3% 證交稅，以及 0.1425% 手續費。

> **證交稅** = 173 元 ×1000 股 ×0.3% = 519 元
> **手續費** = 173 元 ×1000 股 ×0.1425% = 247 元

賣出 1 張聯詠時可以拿回：

（173元×1000股）－ 519 － 247 ＝ 172,234元

步驟❷ 買進

假設在170元買進聯詠，買進時不用繳交證交稅，但一樣
要繳交0.1425%手續費。

證交稅＝ 0
手續費＝ 170元×1000股×0.1425% ＝ 242元

買進1張聯詠時須付出：

（170元×1000股）＋ 242 ＝ 170,242元

步驟❸ 交易總成本

等於 519 ＋ 247 ＋ 242 ＝ 1,008元，接近股價的0.6%。

步驟❹ 總獲利

172,234 － 170,242 ＝ 1,992元，相當每股賺1.99元，獲
利率約為1.17%。

步驟❺ 最好要有2%價差

由於手續費與證交稅就吃掉0.6%的價差，因此，只有當價
差達到2%時，才會比較有操作的效益；如果價差只有1%，
那麼獲利幾乎都會用在繳交證交稅與手續費上，投資人根本
是做白功。

做價差的好處

☑ **降低持股成本**

以前述聯詠的例子，賣出再買回，每股賺了 1.99 元，間接降低持股成本。對於股價穩定的大型績優股來說，可以靠做價差不斷降低成本，成本越低越不容易輸。

☑ **增加報酬率**

像台積電 2014 年配發 3 元現金股利，殖利率僅 2.4%，如果可以多做幾次價差，假設賺個 3 元，報酬率就立刻增加 1 倍。

　　長期投資加上短線操作賺價差，是我個人比較喜愛的投資方式，兩者一長一短、相輔相成。

賺錢的股票該何時獲利了結？

　　股票該不該獲利了結？取決於你的投資心態，是短線做價差去賺取資本利得？還是長期投資賺取穩定的現金流？先來看一下股神巴菲特的投資思維，他從 1988 年開始買入可口可樂，一直長抱至今，不僅賺到股價成長，獲利超過百億美元，每年豐厚的股利更讓他天天笑口常開。

　　投資人一般都有「低買高賣」的想法，賺到錢就急於「獲利了結」，等待下次低價買進的機會，但真的等得到嗎？如果把賺錢的股票都「獲利了結」，手中剩下的不就都是賠錢的股票，那要怎樣賺錢？好比你在打牌，一開始就拼命將大牌打出，最後是滿手的爛牌，這樣還有可能贏嗎？

　　股票會讓你賺錢，一定有它的原因，不要輕易讓它「自我了斷」。反而是要認真檢視手上賠錢的股票，如果不值得繼續持有，一定要趕快認賠以「汰弱追強」。當你滿手都是賺錢的股票時，就可以靠這些好股票提供的股息現金流，幫你一步一步買進其他好股票，你的投資王國也會逐漸擴大。

　　我個人的習慣是長線投資搭配短線價差，除了長期投資領取股息外，當股價在高點區間震盪時，會順便做一下價差。但是做價差純屬賺零用錢，好的股票我一定長期持有。

存股 vs 大盤指數高低

　　我統計最近20年（1999～2015年）的台股加權股價指數，將每年大盤的最高、最低及收盤指數，製作了下頁表格。

台股大盤指數統計：漲跌機率			單位：%
加權股價指數	發生比率	上漲機率	下跌機率
4000 點以下	5.0	95.0	5.0
4001～5000 點	11.7	83.3	16.7
5001～6000 點	8.3	75.0	25.0
6001～7000 點	21.7	53.3	46.7
7001～8000 點	15.0	38.3	61.7
8001～9000 點	20.0	18.3	81.7
9001～10000 點	15.0	3.3	96.7

資料來源：證交所　說明：統計至2015年3月

如果在 2008 年金融海嘯時期、台股指數 4000 點左右買進股票，大盤繼續往下探底的機率只有 5.0%，上漲的機率高達 95%，只要此時買進，然後長期持有，幾乎是穩賺不賠。回憶一下，當時瀰漫著十分悲觀的氣氛，我好心勸告很多人買股票，可是大家都要我「不要害他」。

其實冷靜想一想，當股票大跌導致投資人集體恐慌時，「現金為王」的說法會被大肆宣傳，也深植在所有投資人的心中。於是大家狂賣股票，在股市最低點時，該賣的、想賣的股票都已經賣完，還會跌嗎？下一步呢？賣完股票後，人

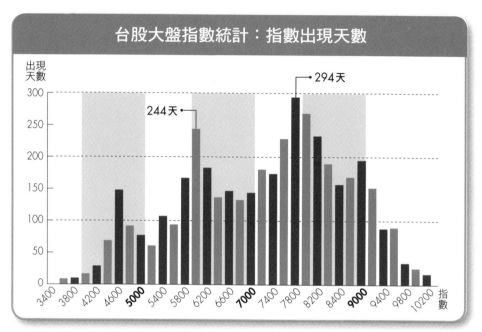

台股大盤指數統計：指數出現天數

資料日期：1997/07/02～2015/03/13

人手中都是現金，大家都等著買股票，一旦大盤止穩反彈，投資人手中的現金不斷湧入，指數自然就會被買上去！

　　股票買賣是群體動作，2015 年初，大盤指數在 9600 點以上，正是這些年來投資人努力用錢買上去的。大家在低點買了股票，漸漸花光了資金，許多人「等著在高點賣股票」，因此股市在 9000 點以上時，下跌的機率高達 96.7%。

　　投資股票，最重要的是，要知道大家現在想什麼？「當大家恐懼時，我要貪婪；當大家貪婪時，我要恐懼。」如果可以在大盤 5000 點以下的時機買進績優股，存股就可以得到「事半功倍」的效果，只可惜 5000 點以下是「可遇而不可求」，統計 1996 ～ 2015 這 20 年的收盤指數，僅有 3 年落在 5000 點以下。那麼就一直耐心等 5000 點以下嗎？要繼續等 3 年、5 年，一直等下去嗎？

　　如果打算長期存股，建議可以把握「往下買」的原則，我習慣先鎖定要買的股票，然後參考 20 周線，等到跌破就開始小額買進，然後越跌越買。其實 20 周線就是半年線，買在 20 周線以下的位置，成本已經比半年的均價來得低。如果長期存股能把握「逢低找買點」的原則，再加上多年配股配息來持續降低成本，效果並不輸給買在 5000 點時。

投資筆記

第 **5** 章

存股必懂的
4個數字

我曾經因為貪圖較高的股利，賺到了豐厚的股息，但那家公司的股票最後卻下市了，非常不划算！千萬別陷入高股息、高殖利率的迷思，那只是表象，能夠年年穩定賺錢的公司才值得買。

台灣股市所有的上市櫃公司，每年有將近台幣 1 兆元的股息發放下來，這麼多的錢，政府不可能裝作沒看見，也就是說，會從中來課稅。因此，存股的投資人也要透徹了解相關的稅負問題，以免表面上賺到了許多股息，但是卻被稅負給稀釋了。

投資人買賣股票，首先要面對的是千分之三的證交稅，領取股息之後還要課徵 2% 的健保補充費，而且股息還要併入個人所得來課稅，稅負不可謂之不重。

對於國家的稅負，我認為首先要誠實面對，不然將來補稅及罰款會很麻煩，所以絕對不要逃稅。當然國家也給予人民合法節稅的空間，要善加利用。

數字 ❶
健保補充保費：當心因小失大

在此利用中央健康保險署的資料說明一下，股利所得的健保補充保費要如何計算。根據規定，如果股利所得單筆未超過 5,000 元，就不用繳補充保費；如果超過 5,000 元，直接乘上 2%，就是要繳的補充保費金額。此外，如果股利金額超過 1000 萬元，則最高只要繳 20 萬元的補充保費（1000 萬元 ×2%）。

要特別注意的是，股利所得包括配股及配息，配息為現金股利，可以直接計算，但配股為股數，並不是一個金額，所以配股以「每股面額 10 元」來計算，舉例來說，如果配發 600 股，金額就是 6,000 元（10 元 ×600 股）。

如果配股及配息為同一發放基準日，兩者須合併計算，若為不同發放基準日，則要分開計算；若無現金股利，或股東配到的配息現金不夠扣取補充保費時，發放股票股利的公司會在次年 1 月 31 日前，將相關資料彙報健保署，由健保署於次年開單向股東收取補充保費。

從以下以 4 種狀況，可以更清楚了解股利所得的健保補充保費計算方法。

狀況❶ 現金股利未超過 5,000 元

小張買了 A 公司股票並參與除權息，配得 4,000 元股息，由於未超過 5,000 元，所以小張不用繳補充保費。

狀況❷ 現金股利超過 5,000 元

小陳買了 1 張 B 公司的股票並參與除權息，B 公司配發 5 元現金及 2 元股票股利（股票股利 1 元代表 100 股，此即每張股票配發 200 股），則股利所得為（5 元 ×1000 股）＋（200 股 × 面額 10 元）＝ 7,000 元，由於超過了 5,000 元，所以小陳要繳股利所得的補充保費為 140 元（7,000 元 ×2%），B 公司會將代扣的 140 元交給健保署，最後實際發給小陳 6,860 元股利所得。

狀況❸ 配股、配息基準日不同天

A 公司股利分配的配息基準日為民國 102 年 7 月 1 日，配股基準日則為同年 8 月 1 日；林先生及陳小姐分別於民國 102 年 5 月 5 日及民國 102 年 7 月 5 日買進該公司股票，A 公司於同年 7 月 15 日發放 11,350 元現金股利總額給林先

生，8 月 20 日則發放 5,220 元配股股利總額給林先生，另發放 17,500 元配股股利總額給陳小姐。

由於 A 公司配息基準日與配股基準日不同天，所以 A 公司於 7 月 15 日給付林先生 11,350 元現金股利總額時，即須向林先生扣取 227 元（11,350 元 ×2%）的補充保費；到了 8 月 20 日發放股票股利時，林先生應繳納 104 元（5,220 元 ×2%）補充保費，而陳小姐應繳納的補充保費為 350 元（17,500 元 ×2%）。

因此 A 公司應於 7 月 15 日向林先生收取 227 元補充保費，另因 8 月 20 日所配發的股票股利補充保費無現金可扣取，所以要通知林先生及陳小姐，扣取不足數的 104 元及 350 元將由健保署於次年開單向其收取，並於民國 103 年 1 月底前，將林先生及陳小姐資料彙報健保署。

狀況❹ 現金股利不足扣取股利補充保險費

C 公司配股配息基準日為民國 102 年 6 月 11 日，發放日為同年 7 月 3 日。李先生獲配股利總額 8 萬元，其中現金股利淨額 1,450 元。由於 C 公司配股、配息為同一基準日，要兩者合併計算，李先生的補充保費為 1,600 元（8 萬元

×2%），C 公司應於撥付現金股利時，從中扣取補充保費。

但李先生的現金股利只有 1,450 元，不足其要繳的 1,600 元補充保費，差了 150 元。所以 C 公司應於 102 年 8 月 31 日前將已向李先生扣取的 1,450 元補充保費交給健保署外，亦應通知李先生不足數 150 元將由健保署於次年開單向其收取，並於民國 103 年 1 月底前將李先生資料提報健保署。

健保補充保費 3 大須知

❶ 賠錢也要繳交

公司在除權息時配發股利給投資人，但是如果沒有填權息，那麼投資人處於賠錢的階段。健保補充保費並不會考慮投資人賺錢與否，就算賠錢一樣要繳交。

❷ 將單筆股利所得分散到 5,000 元以下

假設小李有 2 張 A 公司股票，A 公司預計配發 4 元現金股利，小李會領到 8,000 元股利所得，要繳交 160 元補充保費。此時小李可以將 1 張股票贈與妻子或是小孩，如此一來每人領到 4,000 元的股利，不超過 5,000 元課稅門檻，可以合法節稅 160 元。將股票分散給家人還有一個好處，就是可以多領幾份股東會的紀念品。

❸ 影響不大 不用在意

只繳交 2%，金額不大，就當是做善事，不用刻意節稅。如果為了逃避而不參與除權，說不定會因小失大，錯失填權息行情。

数字②

可扣抵稅額：數額減半 要精打細算

立法院於 2014 年 5 月 16 日通過所得稅法修正案，自 2015 年 1 月 1 日起，本國個人股東以獲配股利總額所含可扣抵稅額之「半數」抵減其綜合所得稅。白話一點說就是：「股東可扣抵稅額」將會被「減半」。

「股東可扣抵稅額」是什麼呢？有何重要性？舉一個簡單的例子，如果你跟朋友合開一家公司，公司賺了 100 萬元，這筆錢就是「稅前淨利」。假設繳交 20% 營所稅，剩下的 80 萬元就是「稅後淨利」，然後公司把「稅後淨利」的一部分發放給股東，就是「股利」。

要是你跟朋友各自拿到 30 萬元「股利」，這 30 萬元政府又要跟你課徵所得稅，這樣不就是重複課稅了嗎？所以，財政部實施了「兩稅合一」的制度，就是根據股東自己的個人所得稅率，政府只拿每個股東該繳的稅。

如果自己的所得稅率，比公司先繳的營業所得稅低，就會得到退稅。

如果自己的所得稅率，比公司先繳的營業所得稅高，你就要補繳稅。

簡單來說，你所領到的 30 萬元股利，已經繳交了 20% 營所稅，如果這筆股利併入所得後，你個人的綜合所得稅率是 12%，政府將會就 12%～20% 超收的費用，退稅給你；如果你的所得稅率是 30%，則只要就 20%～30% 間的差距進行補稅。公司的營運都要繳稅，這筆稅對於擁有公司的股東來說，是可以扣抵的。

不過，以前可以 100% 扣抵，但是自 2015 年 1 月 1 日起將會減半，只能扣抵 50%，對存股族的影響是，未來要繳的所得稅會變多，可退的稅額變少。存股族有下列的因應方式：

❶ 首先，要確定個人綜所稅的稅率。

❷ 挑選或檢視持有個股的扣抵稅率，計算折半後是否仍高於綜所稅率。

❸ 觀察個股基本面、大盤多空。

❹ 決定要參與除權息或棄權息，「稅額扣抵」只有在參加除權息時才會產生。

❺ 參考個股的現金股息殖利率，盡量挑殖利率高，且連續多

年都有發放穩定股利的股票。

❻ 一般而言，傳產業繳的營所稅高，所以可扣抵稅額比率通常較高；科技業因為有相當多的租稅優惠，可扣抵稅額比率一般較低。

❼ 一家公司過去幾年的可扣抵稅額比率，極具參考價值。

數字❸
配股配息：不是越多越好

存股最主要的方式是，靠著股票發放的現金與股票股利，來進行「自我繁殖」、「增加資產」的過程，以下先就現金股利（配息）來說明。

現金股利

假設 A 公司股價 16 元，預計配發 1 元現金股利。

說明❶ 除息

公司配發現金股利（配息）給股東時，將發放的股息從股價中扣除，所以叫做「除息」。除息日當天，A 公司股價會

以 16 － 1 ＝ 15 元開出，而持有 A 公司股票的投資人，每張
會得到 1,000 元現金。

説明❷ 填息

當日後股價逐漸上揚，超越除息前的 16 元就稱為「填
息」，此時 1 元的現金股利等於淨賺。

説明❸ 貼息

如果除息後股價下跌，使參與除息的投資人蒙受損失，則
稱為「貼息」。例如股價跌到 14 元，此時儘管有領到 1 元的
現金股利，但是總價值僅為 14 ＋ 1 ＝ 15 元，依然少於原來
的 16 元。

説明❹ 繳稅

不論是填息或是貼息，投資人領到的股息，只要是單筆超
過 5,000 元，就要繳交健保補充保費，並且要併入個人綜合
所得計算。

説明❺ 填息是加法

上述例子如果填息，投資人的資產變成 16 ＋ 1 ＝ 17，是
加法。

再來說明一下股票股利（配股）。

股票股利

假設 B 公司股價 24 元，預計配發 2 元（200 股）股票股利。

說明❶ 除權

股票的發行公司依一定比例分配股票給股東，作為股票股利（配股）。除權當日，B 公司股價會以 24 元 ÷（1＋0.2）張＝ 20 元開出，而投資人持有的 B 公司股票，每張會得到 200 股的配股，也就是 1 張變成 1.2 張。

說明❷ 填權

除權後股價逐漸上揚，漲回除權前的 24 元就稱為「填權」，此時投資人等於每張股票額外賺到 200 股。

說明❸ 貼權

除權後股價下跌，使得參與除權的投資人蒙受損失，稱為貼權。例如股價跌到 18 元，儘管 1 張股票增為 1.2 張，但總價值僅為 18 元 ×1.2 張＝ 21.6 元，依然少於原先的 24 元。

說明❹ 繳稅

不論是填權或是貼權，投資人領到的股票股利，要以每股 10 元來計算，只要單筆超過 5,000 元，就要繳交健保補充保費，並且要併入個人綜合所得計算。

說明❺ 增加公司的總股數

配股會增加公司的總股數（股本），如果因為配股導致公司的股本上升為 1.2 倍，但是獲利沒有同時上升 1.2 倍，反而會導致每股盈餘（EPS）下降，此時填權的難度就會增加。

說明❻ 填權是乘法

股票除權後如果填權，投資人的資產變成 24 元 ×（1＋0.2）張＝ 28.8 元，是乘法。

說明❼ 稅負上的優勢

由於除權配發的股票，在計算健保補充保費及所得稅時，均以「每股面額 10 元」來計算；對於高價股且「填權」的股票，除了可以獲得較高的價值，又可繳交比較少的所得稅。以上述例子來說，投資人在填權後獲得 24 元 ×200 股＝4,800 元的價值，但政府在課稅時，只認定為 10 元 ×200 股＝ 2,000 元，其他的 2,800 元無須繳稅。

不論公司是配息或配股，如果是貼息或貼權，對投資人來說，不僅賠錢，還要繳健保補充保費和所得稅。因此，投資股票，不要只看配息、配股的多寡，不是配越多就越好，更

1分鐘了解除權息

● 公司配發現金股利（配息），股息會從股價
  中扣除，為除息；公司依一定比例分配股
  票（配股），股東持有的股票變多，為除權。

● 除權（息）當日開盤時股價會下跌，若日後股價能漲回除
  權（息）前價格，稱之為填權（息）；反之稱為貼權（息）。

● 如果填息，投資人的資產是加法；如果填權，投資人的資產是
  乘法。

● 公司獲利若無法穩定成長，投資人可能賺到配股和現金股利，
  但股價卻下跌。

重要的是，公司在配息、配股後的營收、獲利有沒有成長，
如果有穩定成長，填權息的機率比較高。

　一家公司如果每年都配發股票股利，股本一定會不斷膨
脹，並且稀釋EPS，所以更要注意，公司的獲利是不是也逐年
成長。如果每年配發1元股票股利，每年的獲利至少也要成
長1成，EPS才不會變少。1998年，華碩（2357）破天荒配
發15元股票股利，投資人的1張股票變成2.5張，免費得到
1.5張，但是公司獲利跟不上股本膨脹的速度，股價從當年最
高的780元逐年滑落，至今依然填權無望。

由此可見，配股與配息不是配越多越好，重要的是能不能「填權息」；獲利成長的公司，儘管有時配股、配息比較少，但是填權息的機率很高，說不定可以賺到股價上漲的資本利得（價差），一舉兩得。

配股配息的多寡，是看公司去年的獲利；至於能不能填權息，則看今年、甚至是明年的獲利。如果公司去年很賺錢，今年配發很多股利，但今年營運艱難，投資人儘管有高額股利到手，但股價有可能跌跌不休，賺了股利、賠了股價，更慘的是還要繳稅，那真的是賠了夫人又折兵。因此，如果要參與股票的除權息，一定要關心該公司的未來成長性。

殖利率：別陷入越高越好的迷思

每年除權息前，報章雜誌都有不少推薦「高股息殖利率」的文章，到底什麼是殖利率呢？

股票殖利率＝每股現金股利 ÷ 每股現價

以台積電為例，2014 年配發 3 元現金股利，如果以 120 元

的價位買進，股票殖利率為 2.5%（3 元 ÷120 元）。也就是
說，你用 12 萬元買進 1 張台積電股票，每年可以領到 3,000
元現金，報酬率就是 2.5%。如果要估算過去幾年的殖利率，
一般是用除息前一天的收盤價來計算。但是殖利率就是一個
簡單的數學式嗎？高殖利率就一定穩賺不賠嗎？我有下面的
看法：

● 殖利率會隨股價而變動

如果買在 100 元，台積電的殖利率會變成 3%，所以在股價
下跌時買進好公司的股票，獲得的殖利率就會增加。

● 填權息最重要

如果在 50 元買進 A 股票，配發 10 元現金股利，除息後
儘管拿到 10 元，但是股價跌到 35 元（貼息），總價值只
有 35 ＋ 10 ＝ 45 元，此時就算殖利率再高（10 元 ÷50 元
＝ 20%），依然是賠錢。所以，不是殖利率越高的股票就
越好，反而是「會填息」的股票最好。一檔股票即使殖利率
比較低，但是只要能填息，就一定優於高殖利率但不填息的
股票，因為只有填息，股息才是屬於你的，這時候的「殖利
率」才會有意義。

● 成本殖利率

上面說到用 120 元買進台積電，殖利率是 2.5%。但是得到 3 元現金股利後，「成本」就降為 117 元，如果隔年一樣配發 3 元現金股利，那麼你的「成本殖利率」為 2.564%（3 元 ÷117 元），看起來變多了。

以台積電目前 2.5% 殖利率來說，要持有 30 年才會增值 1 倍，實在是不迷人。但是我持有台積電 20 年，往年的配股配息已經大幅降低我的持股成本，假設我的成本是 10 元，那麼我的「成本殖利率」是 30%（3 元 ÷10 元），也就很不錯了。這也是儘管台積電股價很高、配息不高，卻仍有很多人持有的原因，因為他們持有很多年，成本都很低。

● 殖利率不是越高越好

好的股票通常股價都不低，殖利率也就相形較低，台積電就是例子。那麼把它賣掉，然後去追逐 5%、10% 的殖利率會比較好嗎？來看一個簡單的數學，你覺得，2.5% 的股息比較好填息，還是 5%？如果 5% 的股息只填了 4 成，那只有 2%，如果 2.5% 的股息填了 2 倍，就是 5% 了。所以不要單看表面的數字，而是要看產業的前景。

看清殖利率的真面目

- 股票殖利率＝每股現金股利÷每股現價，股價
  要用「買進的價格」來計算。
- 殖利率高低，會因為每個人持有股票的成本不
  同而有差異。
- 會填息的股票，才能讓人真正享受到「高殖利率」的果實。
- 不是殖利率越高的股票越好，公司獲利能力才重要，台積電是
  最好的例子。

公司未來獲利的成長性，比殖利率的數字來得重要，儘管
台積電殖利率不高，但因為公司具有極強大的競爭力，每年
獲利均穩定成長，長期持有不僅可獲得股息（雖然不多），
但股價上漲的價差卻頗為豐厚。因此，「高殖利率」只是選
股的指標之一，而不是唯一。

● 景氣循環股

指的是「3 年不開張，開張吃 3 年」的股票。早年最具代
表性的是 DRAM 產業，公司賺錢時，錢多到淹腳目，因此可
配發不少股息，相對的殖利率就很可觀。以力晶為例，2006
年時因為 Windows Vista 問世，大家預期 DRAM 會有一波需求

熱潮，力晶當時賺了不少錢，2007年殖利率高達13.6%（現金加上股票）。

可是後來Vista叫好不叫座，接著DRAM產業又因為盲目擴產，導致產品價格直直落，力晶的股票現在也已經下市了。我當年就是貪圖較高的股利，也誤判DRAM產業（當時政府大力鼓吹「兩兆雙星」），於是賺了股息、賠了價差，非常不划算！

如果要操作景氣循環股，要倒過來買，在殖利率低的時候買進；而在公司大賺錢，殖利率高的時候賣出。至於那些沒有前景的產業，殖利率再高也不要買。

投資筆記

第6章

克服恐慌
才能成為贏家

我有 20 年的股票投資經驗，台股歷年來的慘痛暴跌無役不與，但憑著有紀律買進的決心，最近 6 年我累積了 313 張中信金，平均成本很低，就算再來一次金融海嘯，我也不會賠錢。

買賣過股票的投資人，應該都有這樣的經驗，一開始計畫要買進某支股票，但是在股價下跌時猶豫不決，希望可以等到更便宜的股價，如果股價繼續下跌，又會懷疑公司的基本面是不是變差了，結果就是不敢買進……

沒想到，過沒多久，股價開始反轉往上，於是怨恨自己，股價便宜時為什麼不敢買？現在變貴了又捨不得多花錢，只好一直罵自己笨，一直搥心肝，然後希望股價可以再跌下來。偏偏股價一直上漲，最後理智就會崩潰，在股價最高點時承認自己的錯誤，不計成本瘋狂買進。

買進後高興沒幾天，股價又馬上豬羊變色，如溜滑梯般掉下來，又開始搥心肝，罵自己笨，最後股價跌到最低點時，

在恐慌情緒下，被迫承認自己的錯誤，不計成本認賠股票，結果沒幾天股票又反轉往上，然後又繼續搥心肝……

股價大跌 危機入市

有時候我會開玩笑説，投資股票其實是「不斷搥心肝」的過程。為何會這樣？一切都要從「趨吉避凶」、「從眾」的心理面來解釋。人類是由動物演化過來的，幾百萬年下來，「看見危險就躲避」、「跟群體一起行動比較安全」的習性，早就深深烙印在人類的基因裡面。

股市講求的是「危機入市」，當股價大跌時，「理性」的想法應該是「變便宜了，趕快買」。可是在市場遭逢大危機、股票大跌之時，市場上充斥著悲觀的氣氛，「情緒」的想法則是「不知道會跌到什麼程度，賠錢賣總比將來變壁紙來得好。」趨吉避凶的人性，反而會阻礙你的正確判斷。

投資股票，其實是對抗自己的「恐懼」與「貪婪」。想要阻斷人性對投資的影響，我覺得，除了要冷靜判斷之外，最重要的就是「紀律」兩個字。比如説，當個股「基本面沒有

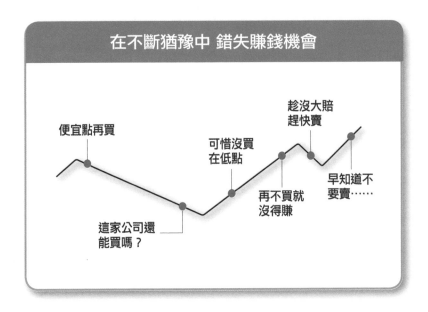

變差」，股價卻受大環境（如政治、天災）影響而大跌時，原先設定的「逢低買進」計畫，就要有「紀律」地執行，才可以免除掉人性的干擾。

3個富餘　投資無後顧之憂

「富餘」簡單說就是「足夠而有剩餘」，投資股票最重要的是保持一顆愉快的心，要怎樣愉快而不憂煩呢？如果心

情、金錢、時間「足夠而有剩餘」，投資就無後顧之憂。

❶ 心情富餘

要是你都把情緒都寫在臉上，家裡的小孩一看到你的臉色，馬上就能猜出，當天股市是漲或跌，這表示你對股市貼得太近，得失心太重。其實股價起起落落，是很自然的一件事，再怎麼緊張也無濟於事。只是，有的投資人一看到股價下跌出現虧損時，馬上陷入不安，即使賠錢也想要賣掉，深怕越賠越多。或者，當股價上漲獲利時，又煩惱要在什麼價位賣掉，時時坐立不安，這樣怎麼能夠做好長期投資呢？

大家一定都存過定存，有誰會因為利率波動而提早解約？同樣的，保險一買也是 10 年、20 年，大家都能長期堅持。反而是買賣股票，因為每天都會看到賠了多少、賺了多少，因而容易陷入金錢遊戲的迷思。

要知道，買進股票其實就是買進一家企業，如果企業的獲利穩定成長，而且投資人可以領到穩定的股息，心情實在沒必要隨著股價而變動。很多有錢的大老闆，持有自己公司數十億、上百億元的股票，他們都不在乎股價的短期波動，而是專注於經營公司，享受公司成長的果實。投資股票，最重

要的是，要保有一顆悠閒的心，不要自尋煩惱。

❷ 金錢富餘

唯有不缺錢的人才可以做好投資，所以請先找一個穩定的工作，並且認真工作，除了可以維持生活，也可以累積存款，在低價時大買便宜績優股。特別是當股市大崩盤之際，金錢富餘的人，比一般捉襟見肘的人更能掌握機會。

此外，最好不要借錢來投資，也要盡量避免融資操作。剛操作股票賺錢時，任何人都希望增加本錢賺更多，於是就會想融資。融資固然可以藉著槓桿操作，用少量的資金買進大量股票，但遇上不可測的意外風暴時，每天為了恐怖的「保證金追繳」，就足以令你一夜白頭。要是付不起保證金而慘遭融資斷頭，更會令你苦心經營多年的投資，瞬間化為烏有。投資股票需要耐心，有多少錢就做多少投資，不要「呷緊弄破碗」。

❸ 時間富餘

股神巴菲特說過：「如果你沒有持有某支股票10年的打算，那麼連10分鐘也不要持有。」也就是說，要給好公司的股票足夠的成長時間。2004年以前的大立光（3008），每

投資要保持愉快的心情

天天盯盤,得失心太重,長期持有者別自尋煩惱。

有多少錢做多少投資,不要「呷緊弄破碗」。

心情富餘

時間富餘

金錢富餘

好公司的獲利會在時間中成長,別太心急。

股盈餘(EPS)在 10 元附近,平均股價在 300 元以下;2014 年,大立光的 EPS 高達 144.85 元,股價最高更達 2,820 元,如果不是長期的時間富餘,就享受不到「10 倍成長」的甜美利潤。

反之,當經濟衰退,海外發生恐怖事件與戰爭,股市出現意外暴跌時,要怎麼辦呢?市場不可能馬上止跌反彈,唯一能做的就是等待。我在 2008 年買進中信金(2891)之後,

就因為金融海嘯而暴跌，我除了持續逢低買進之外，還長期持有到今天，不僅賺到多年的配股配息，股價上漲更增加了我的利潤。投資股票一定要有耐心，並做好長期投資的心理準備，才會成為最後的贏家。

12個方法　在恐慌中學賺錢

努力研究股票，就一定會成功賺大錢嗎？如果投資靠的是聰明才智（IQ），那麼教導投資學的教授們，早就統統住進帝寶豪宅了。能否藉著投資股票而致富，最主要的還是靠心理因素（EQ）。

大多數人買股票，嘴巴講的是長期投資，身體卻很誠實，小賺一點就急著「獲利了結」，賠錢也急著「認賠殺出」，最後怎麼能賺大錢？所以，想提高投資股票的能力，不僅要充實投資的智慧及知識，更重要的是，要學習克服心理及情緒的障礙，打敗自己的心魔。

方法1　國安基金護盤

國安基金是由退撫基金、勞保基金、勞退基金、郵政儲蓄

基金這 4 大基金所組成，總規模高達 5000 億元。相較於國際股市，台股的交易量不大，屬於淺碟市場，一旦國內外有重大政經事件時，因為投資人「集體心理恐慌」、「集體賣出」，股市經常跌過頭。

此時政府就會靠國安基金來力挽狂瀾，恢復投資人的信心。自國安基金成立以來，共有 6 次進場護盤，也都完滿達成任務。所以，當國安基金開始護盤時，投資人要克服恐懼，跟隨政府的腳步，開始進場撿便宜貨。偏偏投資人經常被恐懼的情緒所左右，錯失低價進場的機會。

方法 2 財神爺來敲門

當股市遭逢重大利空，股價腰斬時，是不是逢低買進績優股的好時機呢？仔細觀察，證券行是不是人氣冷清、門可羅雀？股市成交量是否屢創新低？當你勸親戚朋友買股票，大家是不是都叫你「不要害他們」？融資斷頭令是否萬箭齊發？加權指數來到近幾年的低點？電視、新聞媒體是不是一直鼓吹「現金為王」？國安基金是否開始護盤？

如果你觀察到上述現象，就是「財神爺來敲門」了。千萬不要把半夜敲門的財神爺當做鬼，只要你勇敢買進績優股，

將來就可以享受到財富重新分配的果實。仔細回顧一下，
2000 年網路泡沫、2003 年 SARS 風暴、2008 年金融海嘯，
都可以看見財神爺到處敲門，偏偏很多人把財神爺當鬼，嚇
得不敢開門迎接。

方法 3 不要天天看股價

長期存「核心持股」的目的，在於享受它們配發的股息現
金流，然後靠這股現金流幫你灌溉其他的好股票，再創造更
多現金流。因此，存股的重點在於「股息」多寡，而不是
「股價」高低。

如果太在乎股價，往往墜入想要低買高賣「做價差」的漩
渦中，不僅會大幅增加交易股票的費用，還有可能誤砍績優
股，最後手上只剩下一堆賠錢的股票。巴菲特說：「買進好

哪些股票可當核心持股？
❶ 大型績優龍頭股
❷ 獲利穩定、很難倒閉的公司

 產生穩定的股息，持續灌溉其他的好股票。

股票後，要假設從明天開始股市會停止交易 5 年。」就是要你手中有股票、心中無股價。只要持續有穩定且不錯的股息進來，幹嘛關心股價呢？

方法 4 認輸是反轉的開始

彼得·林區（Peter lynch）說：「賣掉好股票，留下壞股票，如同在花園中砍掉美麗的花朵，只留下雜亂的野草。」一般投資人都有一個壞習慣，當手上股票有賺有賠時，喜歡把小賺的股票出脫，然後炫耀自己在某某股票賺了多少，讓自己開心、出風頭。至於賠錢的呢？拒絕承認自己的失敗，一律鎖進抽屜，眼不見心不煩，然後拿「我要長期投資」、「股價總有一天會上漲」的理由來催眠自己，結果反倒是賠錢收場。

人都喜歡維持自尊，不願意承認失敗，這個是人性。但是「自尊值多少錢」呢？你是要賺錢，還是要自尊？就算是高手也會買錯股票，但是高手會勇敢認錯，因為他知道，「唯有認輸，才可以反轉。」認輸，狠心砍掉賠錢的爛股票，「錢」進績優股，讓自己滿手好公司的股票；出售輸家、保留贏家，隨時滿手的好牌，想輸都難。

方法5 價值比價格重要

　　我有一個朋友很喜歡買名牌衣服,但是他只會等打折時才買,同樣一個品牌的衣服,打5折等於是買1送1,高貴不貴,打3折還更好。買股票如果是專注於做價差,當股價打5折、3折時,恐怕早已經嚇到肝膽俱裂,被融資斷頭而血本無歸。

　　如果是專注於股息的價值投資者呢?當股價打折,但是公司基本面沒有變差、獲利沒有下降時,逢低加碼反而是正確的做法,就像買名牌服飾一樣,打折時可以買到「相同的價值」,但是「花更少的錢」。百貨公司大拍賣時,大家都會貪便宜,深怕動作太慢、買得太少,可是當股市跳樓大拍賣時,投資人還一直拼命低價砍股票,打死也不敢買,就是因為只專注於「價格」的恐懼。

　　2014年12月8日,台新金(2887)在彰銀(2801)董事改選後痛失經營權,依法必須認列約148億元投資損失,並在年底一次認列。在「恐慌」的氣氛下,短線投資人殺出持股,股價在10天內從14.2元迅速滑落至12.2元。但是仔細評估,該投資損失並非本業經營不善所致,公司整體的體

質並沒有變差，美林證券評估，台新金 2015 年的 EPS 約為
1.8 元，因此股價迅速在 3 天內從 12.2 元回升到 13.0 元，
這就表示有長線投資人看見公司的「價值」。

　　大家都希望在低價買進好股票，但唯有在利空、恐慌氣氛
中，才會出現低股價，投資人反而不敢出手。只有專注於基
本面的「價值」，了解「價值＞價格」，才可以戰勝恐懼。

方法 6 掉下來的刀子不要接

　　2011 年 4 月，宏達電（2498）創下 1,300 元高價，卻在
2012 年 11 月迅速崩跌到最低的 191 元。聽説有一個公務員
利用退休金在 800 元附近「逢低買入」，然後一路往下加碼
攤平，當股價到達 200 多元時，更是傾盡所有資金做「最後
一搏」，最後在股價 100 多元時被清洗出場，退休金全部化
為烏有。

　　2011 年的宏達電，是賺了 7 個股本的超級好公司，投資人
趁著股價往下，想要低接撿便宜，結果接到掉下來的刀子，
弄得自己滿身血。一支股票如果大跌，一定有它的理由，在
搞清楚來龍去脈之前，寧可選擇觀望，也不要輕易出手。如
果真的想要「逢低入市」，奉勸投資人不要將全部的資金押

在一支股票上，萬一運氣不好，就會直達地下十八層。

方法7 觀察績優龍頭股

股市是群眾的集體行動，當看不見未來、跌勢深不見底之時，大家只想賣股保留現金。於是乎一些本益比過高、只有「本夢比」或沒有獲利的股票，會被大家優先出清（當然就是持續重挫），然後將資金移轉到一些「殖利率較高」且「穩定」的績優龍頭股，好處是一旦股市反彈，手上還有績優龍頭股會上漲，萬一持續下跌，也有股息可以領。

只是萬一碰到股市大崩盤，例如台股從 2008 年 5 月的9300 點，一路跌到 11 月的 3955 點，這 7 個月期間，投資人無不慘遭凌遲。當時只要是大跌 2 天，我就會蒸發掉 1 年的薪水，心理壓力之大，非一般人所能體會。於是乎，受不了心理壓力、理智崩潰、放無薪假、被裁員、被融資斷頭……的投資人，在賣光其他股票後，會被迫賣出這些績優龍頭股，於是造成龍頭股的大暴跌。

觀察台積電（2330）2008 年 5 月至 11 月的走勢，7 個月期間從最高的 69.8 元跌到最低的 36.4 元，總共跌掉 33.4元，其中光 11 月就跌掉 13.1 元，占總跌幅 39.2%，不過同

年 12 月起，台積電股價止跌反彈，開始往上。

　　股市的走勢就是眾人心理面的反射，當一個人即將破產之際，一定是先出脫最不值錢的東西，保留最有價值的資產。一旦被逼到絕境、賣無可賣之時，才會把最值錢的資產拿出來賣。股市也是如此，當投資人恐慌到最後面的時候，會不理性地殺出最好的股票，造成績優龍頭股莫名其妙暴跌，此時通常是殺盤的最後一波，可以賣的股票不多了，此時就可以開始撿便宜的好股票。

方法 8　紀律與執行

　　想要避免接到「正在掉下來的刀子」，又要能夠做到「危機入市」，需要許多的實戰來鍛鍊心理強度。我雖然有 20 年的投資經驗，台股歷年來慘痛的暴跌我也無役不與，可以說是經驗豐富，而且我又是捧著鐵飯碗的公務員，照理說投資股票應該是最沒有心理壓力。但是說實話，我依然會犯錯。

　　「投資股票最重要的是 EQ」，我深深認同這一句話，但是很難做到，我們都是有血有肉的人，當你經歷幾個月的持續盤跌，對身心是長期且緩慢的折磨，想要不做出錯誤的決定，真的很難。

「紀律」就可以避開人性心理上的弱點，2008 年我買進中信金後，適逢全球金融大海嘯，當時我就設定「逢低慢慢買」的策略。中信金的股價從 20 幾元一路跌到 7.9 元，雖然看了會怕，但是因為「紀律」，我拋開恐慌一路往下買，就這樣買了 80 張。我也想在 7.9 元時一次買 80 張，可惜我不是神仙。

最近幾年，因為看好中信金業績的成長，持續貫徹「有紀律地執行」，當「股價比上次買的還便宜」時，就持續買進，到 2014 年我已經有了 313 張中信金。因為「紀律」與「執行」，我累積了 313 張中信金，平均成本很低，再來一次金融海嘯我一樣不會賠錢。這 313 張中信金股票，每年會貢獻數十萬元股息，讓我繼續「有紀律地買進」其他績優股票，邁向理財不敗之路。

方法9 勇氣越大 獲利越大

人生最痛苦的莫過於「股票大跌時，沒有現金可以買；股票大漲時，沒有股票可以賣。」這是我多年的心得。為什麼股票大跌時，沒有錢可以買？就是因為股價在高點時，希望可以一直漲上去，捨不得賣，最後 1 張也沒有賣，當然身上

就沒有錢。於是乎，往後股價在低點時，也沒有錢可以買。

當股價在低點時，因為恐懼而一直不敢買進，等到股價上漲才開始後悔，然後希望「等跌下來再買」，最後半張也沒有買到。結果是，往後股價在高點時，也沒股票可賣。

大跌時買進股票，大漲時賣出股票，確實有違人性，但是請記住：「越需要勇氣的決定，可能的獲利就越大。」買進大家不看好的股票，在股市低迷時進場，比把錢放在定存更需要勇氣；同樣的，當一支股票人人叫好，股市一片欣欣向榮之際，賣出股票的心理壓力也無比沈重，讓人難以抉擇。

如果用長期的角度來觀察這幾年的台股，很明顯的是，9000 點以上要居高思維，5000 點以下要樂觀進取。長期投資，可以搭配「長期」的景氣波動來低進高出，增加效率。

方法 10 　人多的地方不要去

白圭是戰國時期著名的大商人，他的經商之道可用「人棄我取，人取我與」這 8 個字來概括。白圭的高明之處是，在別人拋售過多貨品時，他就大量買進；然後等別人缺少貨物需要買進時，大量拋出來獲利。

投資股票也是如此，當大家都說某某股票前景看好、人人

積極買進時，股價就會被推升而增加買進成本，當股價上漲一波段後，想買股票的人都買了，這時候就缺乏後續買進的力道，此時，投資人都是滿手股票，每個人都在等「高價時賣出」，讀者覺得股票還會上漲嗎？

　或許一支股票人人看好，但是切記「人多的地方不要去」。2014年全球科技界最大的亮點，非蘋果的iPhone 6莫屬，從2014年初，蘋果的組裝廠鴻海（2317）及和碩（4938）就開始悄悄上漲；在iPhone 6推出前1個月，鴻海及和碩的股價，被推升到近幾年來的高點。

　回顧一下，2014年9月，台股站上9500點的高點，美國道瓊指數站上17350點的史上新高，歐股也都站上近幾年高點。全球股市打死不退，把希望都寄託在9月19日上市的iPhone 6，所有分析師都預估，這會是史上賣得最好的蘋果手機，只要跟iPhone 6沾上邊的產業，人人都說前途無量。

　iPhone 6推出後立即引發全球熱賣，但在1個月內，蘋果股價卻欲振乏力而悄悄滑落，鴻海與和碩也下跌超過10%（2014/10/15）。我有個朋友是蘋果迷，他肯定iPhone 6會熱賣，因此在手機推出前，以100美元以上的高價買進蘋果

股票，他計畫放到 iPhone 6 熱賣，再用 120 美元以上的價位出脫。可是人算不如天算，儘管 iPhone 6 熱賣，蘋果股價卻欲振乏力。之前許多人看好鴻海與和碩，也通通住進套房。

原因不難分析，台股在 2014 年 9 月站上 2008 年以來的新高，還有年底大選的變數，且國際股市都有高點回檔的壓力，美國即將升息的說法更是甚囂塵上。於是投資人「居高思危」，紛紛把資金轉進「最強的蘋果概念股」，人人滿手股票，都等著賣，這樣蘋果概念股短期內還會上漲嗎？

近年來，全球暖化日益嚴重，太陽能相關個股在 2011 年買盤蜂擁，人人叫好！如今股價暴跌，投資人都慘遭套牢。LED 也是一個例子，2014 年 3 月，晶電（2448）與億光（2393）董事長均表示，LED 照明的滲透率將從 10% 的底部區，朝 30% 邁進，2014 ～ 2017 年可望步入 LED 照明的「黃金 3 年」。我朋友又想買 LED 的股票，我當時勸他股價已經在高點，可是他執意要買，結果億光股價在他買進後，3 個月內從 70 幾元滑落到 50 幾元。

我這個朋友喜歡買「排隊美食」，他覺得有人排隊搶著買，就表示品質很好，他把這個觀念投射到股票投資上，所

以喜歡買「最熱門」的股票。可是他忽略了，美食只要乖乖排隊，一定吃得到，股票跟著大家一窩蜂搶買，缺點是買在高點，而且大家滿手股票等著賣，股價還會漲嗎？

買賣股票，時機很重要，就算是最熱門的股票，如果買在最熱門的時間點，還是有可能會受傷。人多的地方不要去，因為好處早就被分光了；大家都買的股票不要急著買，因為股價已經被推高。

方法 11 不要跟股票談戀愛

儘管一支股票往年為你攻城掠地，讓你賺進大把鈔票，或者你已經擁有這檔股票很多年，幾乎是跟它一起成長，一旦公司經營能力下降，或是整個產業趨向沒落，如果捨不得跟心愛的股票分手，甚至還勇敢加碼買進，儘管戀愛是談得轟轟烈烈，但最終滿身傷痕，甚至還要殉葬，那就不好玩了！

投資股票最重要的還是冷靜，一定要跟沒有前景的股票說再見，讓它從你的投資組合中消失，然後買進更有成長潛力的好股票。

方法 12 別太相信專家

美國前總統約翰·甘迺迪（John F. Kennedy）說過：「我怎

麼能夠犯下相信專家這麼大的錯誤呢？」每天電視上都一堆
專家在談論股票，我心裡經常納悶，如果這些專家這麼準
確，他幹嘛不把房子、車子……統統賣掉，準備一大筆資金
買進自己大力吹噓的飆漲股票，大賺一筆後再去買更新、更
漂亮的房子、車子？幹嘛還要上媒體，拋頭露面賺辛苦錢？

　大家沒這個疑問嗎？股票市場就是爾虞我詐，這些所謂的
「專家」通常是自己偷偷吃進股票，再利用媒體的力量誘使
投資人買進，幫他拉抬股價，等到他賺飽跑路之後，被套在
高點的投資人就只有自求多福了。

　同樣的狀況也發生在外資的分析報告上，當他們出具看好
某某公司股票的報告時，有時該公司的基金部門反而是在出
脫那一支股票，就會招致「誤導投資人」的批評。其實外資
的報告，開始時只有少數大客戶看得到，等到一般投資大眾
都看到時，已經過了幾個星期，最好的時機已經錯過了。

　所謂的專家也是人，也想從你的口袋中賺錢，不要太相信
專家。專家如果這樣厲害，在家裡自己偷偷賺就好了，不用
出來拋頭露面。因為專家們心裡都有數，自己再厲害也會買
錯股票，唯一穩賺不賠的就是會員的學費了！

對於專家的「建議」，要開放心胸來吸收，並保持適當的懷疑態度，衡量現實情勢。最後要不要聽從，還是要依照自己的分析，不要盲目聽從「專家」。一般會把專家當做神的投資人，特徵就是「懶」，不想自己研究，也懶得做決定。請記住，畢竟這是你的錢，自己要對自己負責，一旦你賠錢，那些專家是不會理你的。

蔡明介的 PDCA 哲學

聯發科董事長蔡明介先生，曾經分享過「PDCA」的經營哲學，我覺得很適合用在投資理財上面。

● Plan（計畫）

投資前一定要做好基本面的研究，然後擬定買進計畫，例如幾元以下可以買，總共要買多少張……在 2008 年，我看著中信金股價從 25 元開始滑落，計畫逐步買進，建立持股。

● Do（執行）

計畫擬定好，就要確實執行，行動最重要。2008 年 7 月，我開始在 23 元以下，逐漸買進中信金。

● Check（檢討）

買進後一旦有其他消息，有可能影響股價，要找出因應的方法，例如逢低加碼或認賠殺出，絕對不可以腦袋放空、以不變應萬變。我買進中信金之後，馬上遭逢全球金融大海嘯，但是我評估中信金體質健全，政府也不可能讓大型金控倒閉，因此決定逢低加碼。

● Action（行動）

檢討投資策略之後，最重要的還是後續的反應，也就是要有「行動」。金融海嘯期間，我一路逢低買進中信金，只要股價比我上次買進的價位還低，我就 5 張、5 張慢慢買下去，就這樣累積了 80 張。

金融海嘯停歇後，中信金開始穩定獲利，我變更計畫（Plan）打算持有 200 張中信金。我也持續逢低買進（Do），並將股息繼續投入，在 2013 年底已經持有 200 張。2014 年上半年，因為服貿爭議，立法院被學生占領，我評估（Check）只是短線利空，便在 18、19 元附近持續加碼（Action）中信金，如今已經持有 313 張。6 年增加 313 張股票，即是確實執行了 PDCA 的策略。

第 **7** 章

不敗投資法
讓股票自動賺錢

投資股票如果都只買中華電這種好股票，雖然非常穩定，但是資產要翻倍，至少得花 10 幾年，因此我會用績優股生出來的股利，買進具有成長潛力的衛星持股，說不定可以順勢攀住幸運女神的翅膀，讓我的投資路飛到更高更遠的地方。

在自動控制回路中，有一種「自保電路」，它可以自己一直維持在 On（開啟）的狀態！來稍微說明一下好了，一般的電路分成 2 種性質，一種是 Signal，一種是 Power。Signal 是控制訊號，通常是小電流；Power 是負責工作的大電流，但被 Signal 所控制！

在自保電路中，首先 Signal 啟動了 Power，接著 Power 會自己分出一點小電流來充當 Signal，讓自己一直維持在 On 的狀態下。此時儘管原來的 Signal 已經消失，整個系統還是維持在 On 的狀態！

舉個生活中的例子來說明，美麗的老婆在廚房中發現蟑

蟑螂，大喊一聲「老公，有蟑螂！」這個聲音就是 Signal。
Signal 一出現，老公只好放下遙控器，離開看得正爽的電視
節目，拿起拖鞋，把所有的怨氣發洩在蟑螂上，這個就是
Power。以後儘管美麗的老婆沒交代，老公碰到蟑螂就會自動
去打，這就是自保電路。這說明了什麼？一開始只要一個小
小的電流來啟動，整個大系統就可以「靠著自己」一直 On
下去！自保電路與投資有何關聯呢？

開啟自動賺錢電路

　假設你買了 1 戶房子，首先付出頭期款，接著你將房子出
租收取租金，只要這筆租金可以負擔得起每個月的房貸，你
就不用再花自己一毛錢，等於這個房子自己保住了自己，而
且 20 年後房子就完全屬於你，這個就是自保電路。

　投資股票也是一樣，只要你投資的公司獲利穩健，每年都
會獲得分紅的股息，只要持續把股息投資下去，不用再拿出
額外的錢，整體的股票投資也會每年自動成長！好比你一開
始有了一個果樹種子，首先要努力照顧它，讓它發芽、長成

大樹，等到將來開花結果，你吃剩的果實，可以持續拿去播種，將來你就會有一大片果園了。從上面的例子，我們得知3個重點：

重點❶ 儘早播下種子

果樹的成長需要時間，股票投資亦然。不論是種樹、投資股票都一定有風險，越早失敗，你越有時間可以吸取教訓，東山再起，而且越早播種，就會越早吃到果實。

重點❷ 耐心耕耘

種樹不可以揠苗助長，小樹不可能 1 天長大，投資也不會 1 天就成功。投資股票，其實是忍耐的報酬，大家只記得巴菲特是「股神」，卻往往忽略他已經投資超過 60 年。

重點❸ 吃剩的果實持續播種

好不容易長成大樹，如果你把果實都吃掉，永遠就只有 1 顆果樹。好公司的股票會配發股息，將股息持續買進其他好公司的股票，你的股息將會逐年增加。

「對的事情重複一直做，你就會成功。」這就是投資。

如果你想要有 1 棵果樹，最好在 20 年前就將種子播下；如果 20 年前你忘記了，現在一定要拿起鏟子，人生沒有幾

個 20 年。想要種樹，卻沒有種子，想要投資卻沒有錢，怎麼辦？如果錢不多，要如何投資？依照我的「不敗自保電路大法」，可以這樣做：

步驟❶ 第 1 桶金

你得先傾盡全力，擠出第 1 桶金出來，可以是 30 萬元、50 萬元，這就是你的第 1 顆種子、你將來的第 1 棵樹。不要買不實用的奢侈品，戒菸戒酒還賺到健康，用白開水取代咖啡飲料，不要動不動就吃大餐犒賞自己，用大眾運輸取代自己開車……反正就是盡全力把錢存下來，給別人嘲笑也沒關係。當你種下投資的第 1 顆種子，就擁有改變未來的力量。

步驟❷ 把種子養成大樹

先培養一個觀念：種樹需要時間，沒有速成法。很多人為了速成，採用大倍數槓桿操作，或是追逐明牌飆股！下場呢？聽過「揠苗助長」這句成語吧！第 1 棵樹要種多久，端看你學到何種經驗而定。50 萬元種下去，你可以做最保守的投資，例如都買大型績優龍頭股，每年會有穩定的股利收入，公司也不太可能會倒閉；但股價不容易飆漲，股利也不會太多，穩定也要付出代價。

步驟❸ 維持自保電流

50 萬元種下去，理論上每年會有 5% ～ 10% 股利收入，也就是 25,000 ～ 50,000 元左右，這筆小小的紅利就是維持你投資成長的「自保電流」，千萬別把它拿來花掉，要繼續投資進去。聚沙成塔，長時間的複利累積會很可觀。

步驟❹ 持續投入資金

記得我國中畢業時，國文老師在畢業紀念冊上寫「半畝方塘一鑑開，天光雲影共徘徊。問渠那得清如許，為有源頭活水來。」這首詩勉勵大家，要我們思考，池塘的水會這麼清澈，是因為有源源不絕的活水湧入。投資理財亦然，每個月努力存錢，持續投入資金，資產累積的速度就會越來越快。如果第一筆 50 萬元已讓你元氣大傷，那麼好好過生活，不要再丟錢下去，已經種了第一棵種子，專心養好它即可。

步驟❺ 吸收經驗

理財是一輩子的事，要多讀書、學習前人的智慧，才能避免犯下相同的錯誤。只要少走冤枉路，就可以提早達到財富自由。同時也要努力觀察國家的經濟、產業的前景及公司的競爭力，從中發掘出最優異的公司。

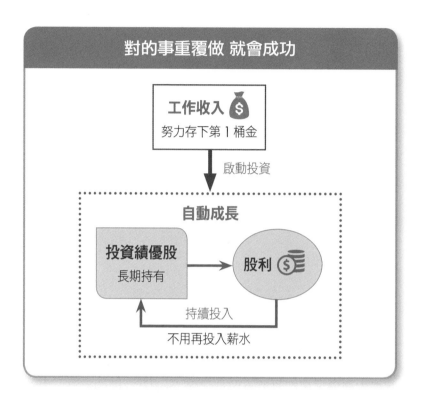

對的事重覆做 就會成功

工作收入 $

努力存下第 1 桶金

啟動投資

自動成長

投資績優股

長期持有

股利 $

持續投入

不用再投入薪水

　　投資就是這樣，首先要擠出一筆錢來投資，然後做好管理與耐心等待，收取穩定的股利，讓資產持續成長壯大。萬一股市大跌怎麼辦？其實下跌的只是「價格」，好公司獲利及發放股利的「價值」依然存在，所以不要輕易認賠殺出，否則你的投資大門可能從此關閉，你的一生不缺這 50 萬元，真正缺少的是學習與機會。

電路核心 6 類可長抱的定存股

如何在股市中尋找適合當「核心持股」的定存股？可以先從技術領先、產業龍頭、資源獨占、通路優勢、民生必需、保全長照等產業的公司著手。

挑選好之後，只要逢低加碼、耐心持有，這些定存股就像會下金蛋的金雞母，持續為你下蛋。

類別 1 技術領先

例如台積電（2330）在 28 與 20 奈米製程，可望維持龍頭地位，14 與 16 奈米也預計在 2016 年拿回領先地位，而視為最關鍵領域的 10 奈米，由於台積電擁有 25% ～ 30% 的晶圓成本優勢，預期將縮小與英特爾（Intel）之間的差距。由於具有技術領先的營運優勢，台積電近幾年獲利與股價均不斷上揚。

類別 2 資源獨占

僅此一家，別無分店。例如獨家供應電子束檢測設備的漢微科（3658），受惠於台積電積極衝刺先進製程技術，營收年年成長；中碳（1723）則是國內唯一專精於煤化學產品的

公司，國內市場幾乎可以全產全銷，因此具有獨占優勢。此外，中碳生產的介相瀝青，是製造電池負極的材料，可應用在電動車，前景看好。

類別 3 **專利優勢**

企業每多一項專利，就多一層技術壁壘，例如 IC 設計大廠聯發科（2454），不僅在專利官司上扳倒美國晶片大廠飛思卡爾（Freescale），更透過併入晨星，趁機把更多 TV 晶片相關專利納入麾下，未來在專利戰上具有更高優勢。而 LED 大廠隆達電子（3698），累計在全球專利數量已超過 1,700 件，2014 年美國大廠科銳（Cree）宣布斥資 8300 萬美元，入股隆達 13% 股權，未來至少 3 年，Cree 將包下隆達的晶片產能，對隆達技術及產品競爭力的提升，有極大助益。

類別 4 **通路優勢**

在台灣總店數超過 5,000 家的統一超（2912），挾龐大通路的優勢，已經悄悄改變國人的生活及消費習慣，例如「無所不收」的停車、電信費、水電費、信用卡費等，每年的代收金額高達 5 千億元，從中賺取十數億元的手續費。潤泰新（9945）和潤泰全（2915）投資的大潤發，在大陸有超過

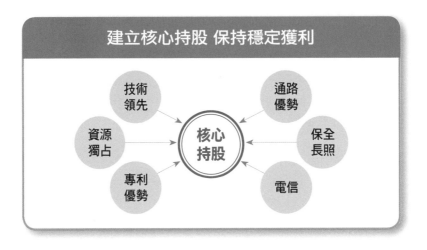

270 家門市,每天有 300 多萬顧客上門,且市占率持續提升。由於大陸經濟持續發展,國民所得逐年攀升,擁有通路等於掌握 14 億人口「民生必需」的金飯碗。

類別5 **保全長照**

中保(9917)與新保(9925)這 2 家保全業者,獲利非常穩健。當經濟熱絡時,大家賺錢多,為了保障生命財產,保全業的業績不錯;當經濟蕭條之際,有錢人更怕死,保全業也會有生意上門,因此獲利幾乎不受景氣影響。此外,隨著出生率逐年降低,銀髮族安養的問題逐漸浮上檯面,保全業也看見這塊大餅,開始跨入老人居家照護的藍海。

類別 6　**電信股**

中華電（2412）最具代表性，哪一個人家裡不用中華電的室內電話？電信業這種民生必需產業受到景氣的波動比較小，獲利穩定，且盈餘分配率高過 9 成。中華電 2013 年賺了 5.12 元，就配發 4.85 元現金股利，公司不會吝嗇將獲利分享給股東。這類獲利穩定、不易受景氣影響、現金股利多的公司，屬於「防禦型」股票，可以讓你安度經濟寒冬。

買股王、跟流行　通常沒好下場

建立核心持股時，應該注意以下 4 個重點：

重點❶ 避免買得太貴

儘管是產業龍頭的績優股，如果買在很高的價格，就算長期持有，也很難賺錢。例如 2008 年時，中鋼（2002）最高價為 54.4 元，台泥（1101）在 1991 年時最高價是 114元，而壽險業龍頭國泰金（2882）的最高股價是 1,975 元，當股價位於歷史高點，且大盤指數也在歷史高點附近時，可以選擇退出觀望，多看少買。

重點❷ 不要買股王

成為股王必定有相當的實力，但是台灣歷屆股王幾乎「沒一個有好下場」。國泰金（2882）從1,975元跌到24元，茂迪（6244）從985元跌到21.35元，益通（3452）從1,205元跌到8.55元，宏達電（2498）1,300元跌到118元，「千金變丫鬟」的歷史宮廷劇，不斷在台灣股市悲慘重演。股王的特徵是「股本小、籌碼集中」，因此股價容易炒作，這個泡泡吹得快、破得更快。台灣的好股票有很多，何必一定要挑「股王」來存股？

重點❸ 避開變化快速產業

例如DRAM及LCD產業，近年來一直處於供過於求、殺價競爭的水深火熱之中。DRAM大廠中的茂德已經結束營運，力晶的股票也已經下市，而LCD廠的友達（2409）跟群創（3481）也從早期的大賺，進入虧損的寒冬。像這種產能一直持續成長，而消費需求卻若隱若現的產業，投資人一定要謹慎面對。

此外，近幾年相當熱門的太陽能產業，益通從1,205元跌到8.55元，茂迪從985元跌到21.35元，台積電還曾經在

2009 年底，因為看好太陽能產業而認購 20% 茂迪的股權，最後卻慘賠退出。連台積電這種專業的公司都會看走眼了，一般投資人對於「看不懂」、「變化快速」的產業，更應該要心存敬畏。

重點❹ 小心本夢比產業

有夢最美，但是希望真的會相隨？美夢都會成真？即使大家都說「未來『可能』會很好」，但是「一直都沒賺錢」的產業，絕對不適合作為核心持股。例如 2000 年的網路泡沫，當時大家都說網路是未來明星產業，相關公司股價一飛沖天，我曾經投資過中環（2323），因為有投資網路相關公司，當時股價飆漲到 216 元，但是這些網路公司都沒有賺錢，加上中環的本業年年虧損，如今已經淪為雞蛋水餃股。

至於生技產業會不會是下一個本夢比產業？還是一句話，看公司有沒有賺錢。能夠 show me the money（讓我賺錢），且穩定獲利的公司，才值得長期投資。

有位基金經理人說過：「如果 100 年前有電腦，那麼它可能會預估，現在馬路上都堆滿了馬糞，清理馬糞的相關產業都會賺大錢，因為當時的馬車實在是太多了。」如果只是

核心持股注意要點

 大盤、股價在
高點時不要買

 技術線圖只看過
去，未來才重要

 遠離變動快速
的流行產業

 股本小、容易炒
作的股王別碰

靠整理、統計「過去」的資料來預測未來，就有可能會鬧笑話。有些分析師著重技術分析，可是想一想，所有的技術線圖只能告訴你過去的故事，如何能用來預測未來呢？因此，有些基金經理人完全不與做技術分析的人打交道。

　要記得，投資股票看的是「未來」，千萬別迷戀過去，與其只是分析技術線圖，還不如發掘績優股，找出未來的明星公司。我覺得，好的投資方式，首先要觀察整體經濟情勢及不同產業的未來發展，然後在最好的產業中，選出最有增值潛力的公司。

加強電流 用小型股衝獲利

投資股票時最重要的心法是什麼呢？借用股神巴菲特經常被引用的一句話：「投資的第 1 條準則是不要賠錢；第 2 條準則是永遠不要忘記第 1 條。」如果不會賠錢，那麼豈非達到「投資不敗」的境界？投資股票想要不賠錢，首先要把關選股標的，像巴菲特最愛的可口可樂，他長期持有當核心持股，領到的股利就可以讓他不斷買進其他績優股票。

可口可樂這種績優好股票，通常股本十分龐大，好處是獲利非常穩定，當金融風暴降臨時，也能讓投資人無後顧之憂，因此，核心持股的首要條件就是「穩定獲利」，例如中華電（2412）。不過，也因為股本過於龐大，這種股票的獲利成長通常比較小。

投資股票如果都只買中華電這種好股，雖然風險極小，但 6% 不到的股息殖利率，需要 10 幾年才可以讓投資翻倍，而且政府持續對投資人的股利加稅（如健保補充保費、稅額扣抵減半），使得投資報酬率越來越低。對於資金少的投資人來說，想要經由「買進好公司股票，靠股利自我繁殖」邁

向財富自由的道路，無形中時間變長了。那麼，有捷徑可以走嗎？答案就是「核心持股搭配衛星持股」。

有些股本小，但獲利成長空間比較高的小公司，或是目前沒有獲利，但具有產業前景，也就是沒有「本益比」、但有「本夢比」的公司，這些公司一旦營運步上軌道，搭上產業興起的浪頭，獲利的爆發性會很驚人。但是因為獲利不穩定或是一開始時沒有獲利，很可能在選股第1關的「買進好公司股票」，就被刷了下來。

投資股票其實有很大的不確定性，有時候運氣也是很重要的因素。拿我持有 20 年的台積電為例，20 年前從來沒有想過這家公司會如此成功，這 20 年的投資報酬率非常高。但是如今台積電資本額已經接近 2600 億元，為了避免股本太過龐大，從 2007 年起幾乎不配發股票股利，而且已經連續 5 年只配發 3 元的現金股利，2014 年的殖利率不到 2.5%，實在是不迷人。

數字說明一切，台積電雖然可以扮演好「核心持股」的角色，但最甜美的成長期已經過去了，現在股價又在高點，投資人想要靠它快速累積財富，幾乎是不可能的事。這時後就

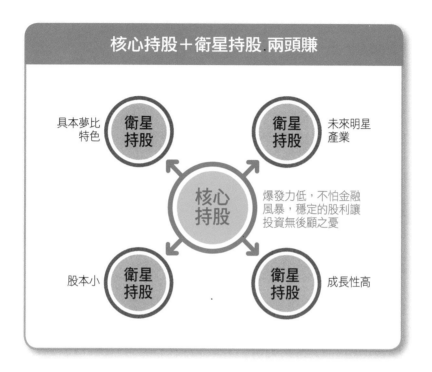

要靠「衛星持股」來打開另一扇窗戶，尋找另一個可能。

　舉例來說，如果每年可以從台積電（核心持股）取得 100 萬元現金股利，拿出 20 萬元，也就是 20% 股利（拿多少因人而異）來投資一些股本小、未來明星產業、本夢比的小台積電（衛星持股）們，說不定會有幾家將來也會像台積電般發揮出 20 年的恐怖大成長。

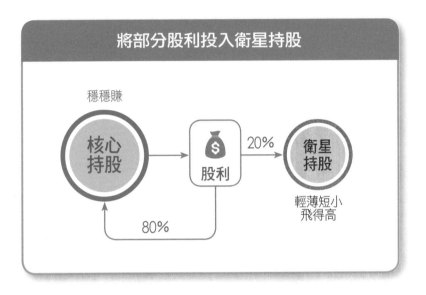

將部分股利投入衛星持股

穩穩賺

核心持股 → $ 股利 → 20% → 衛星持股

80%

輕薄短小
飛得高

　　投資理財需要穩定跟運氣，核心持股可以提供穩定獲利，平安度過金融風險，讓投資無後顧之憂。想要賺大錢，多少要靠點運氣，將核心持股的部分股利，投資在有發展前景的小公司（如資本額 10 億元以下），給他們幾年的時間成長，說不定就可以順勢攀住幸運女神的翅膀，帶你飛到更高更遠的地方。

投資筆記

第 **8** 章

買點到就出手
不怕股票大跌

投資股票沒有暴利，不要指望在短短幾年內改變人生，我努力不懈投資了20年，才可以年領100多萬元的股息。定期定額投資追求的是長時間「忍耐的報酬」，不僅可以降低持有成本，也不用擔心股價大跌。

投資股票最重要的是買進時間點，買到便宜的價錢，就可以收到事半功倍的效果。但是如果在高價時買進，例如在1989年買到1,975元天價的國泰金（2882），或是在2011年買到1,300元的宏達電（2498），就算公司再好也很難賺到錢。

只可惜，投資人習慣「眼見為憑」，只要看到股票大漲，股市氣氛一飛沖天之際，就戴著鋼盔拼命往前衝，結果不但買進的成本過高，也很容易被套在高點；而當股市往下，市場充斥著悲觀氣息時，又往往選擇退場觀望，錯失了逢低買進的好時機。

股市是群眾運動,當大家拼命買進或殺出股票之際,除非是經歷過許多風浪的股市老手,一般新手實在很難克服貪婪或恐慌的情緒,結果就是做出錯誤的判斷,造成不必要的損失。投資股票,如果想要避開情緒過度樂觀或恐慌,最簡單的方法就是靠「紀律」2 個字,定期定額買進就是方法之一。管他股市大漲還是大跌,我依照自己的步調,穩定地買進股票。

買未來10年會賺錢的股票

定期定額買股票,選股可不是「射飛鏢」,還是要盡量挑選好公司,才可以發揮出一舉兩得的效果,選股有以下 3 個原則:

選股原則❶ 持續性

過去的營收及獲利優於其他同業,且每年都能維持不錯的表現。雖然股市是看未來,過去的獲利絕非未來獲利的保證,但是如果你買進一家過去 10 年均有不錯獲利的公司,你就很可能投資了一家「未來」10 年也會有不錯表現的公司,

如此一來，贏的機率絕對比射飛鏢買股票來得大。

選股原則❷ 成長性

一家好公司除了獲利有持續性，每年都不錯之外，更重要的還是要有成長性。一家每年獲利成長 15% 的公司，絕對會好過每年成長 5% 的公司，因此要買進獲利高成長的公司，賣出獲利成長變緩的公司。持有成長性高的股票，不僅可以獲得股息，股價也可能大幅上漲，魚與熊掌兼得。

選股原則❸ 盈餘分配

如果公司每年獲利都大幅成長，但是在分配盈餘時卻非常小氣，捨不得拿錢出來配股配息，投資人要如何從中獲得報酬呢？因此，好公司不僅獲利要成長，盈餘分配率最好也持續成長。

長期投資 改變人生

定期定額投資股票，我個人認為有下面幾個重點：

重點❶ 買進零股

如果投資人資金不多，例如每個月預計投資 1 萬元，在領

到薪水當天可以用「零股」的方式買進。記住,定期定額投資一定要講求「紀律」,月初薪水一下來時就要立刻投資,而非把薪水花用後,再拿「剩下的錢」來投資,這樣通常不會剩下多少錢可以投資。定期定額就是有紀律的投資,要把「投資的錢先存起來」,日常生活只能花「投資後剩下的錢」,很多人投資沒有成功,就是因為沒有紀律,結果就是半途而廢。

買進零股的方式也很適合投資高價股,有些股票1張動輒要價數十萬元,甚是上百萬元,只能夠用定期定額方式,慢慢買進零股。

重點❷ 零存整付

零股不見得容易買到,特別是資本額比較小的公司股票,那麼也可以把每個月的1萬元先存下來,累積到足夠買進1張股票時再買進。

重點❸ 不管價錢高低

定期定額中所謂的「定期」,就是在固定的時間買進,例如每個月第1個交易日。時間到了只管買進就是了,不用管價錢的高低。只要能夠有紀律的一直買進,儘管有時候會買

貴，但是有時候也會買到便宜價，長期下來自然會買在平均價位，不用擔心套在高點。

重點❹ 時間會降低成本

定期定額要發揮「平均」的效果，買的時間一定要夠長，也就是幾年的時間。長時間持續投資，不僅會買在平均價位，而且買進的績優龍頭股，每年除權息時還會不斷降低你的持股成本，所以長期下來，持有成本其實是在「平均值」之下，不容易賠錢。

重點❺ 大型金控

定期定額投資，我比較推薦買進股價在 10 ～ 20 元間的大型金控股，這些公司流通的股票非常多，不用擔心買不到零股，例如台新金（2887）、華南金（2880）、第一金（2892）、中信金（2891）等，不僅股價便宜、獲利穩定，而且也很難倒閉。想要定期定額做長期投資，要先確定投資的公司不會隨便倒閉。

重點❻ 配股配息

上述的大型金控，每年的配股配息都還不錯。千萬要記住，配發的現金股息，絕對不可以隨便花掉，一定要持續投

入買進股票，而且配發的股票股利也會不斷的「免費」幫你增加股票張數。想要做長期投資，一定要挑會「配股配息」的股票。

重點❼ 分散投資

投資一定有風險，而且風險真的很難避免，唯一慶幸的是可以用「分散」來降低。例如投資人今年專心買台新金，明年買第一金，就可以規避「雞蛋放在同一個籃子」的意外。上述是用每年來做分散，也可以用「張數」來做分散，例如我花 6 年時間存了 300 張中信金，2014 年起我改存台新金（2887）來分散風險，等將來存到 500 張台新金，就改存其他股票。

重點❽ 長期堅持

投資股票沒有暴利，特別是一般的投資人，如果你每個月只能拿 1、2 萬元投資，絕對不要指望可以在短短幾年內「改變人生」。窮人的投資一定要靠時間幫忙，我也是努力不懈投資了 20 年，才可以年領 100 多萬元的股息。定期定額投資就是長時間「忍耐的報酬」，一定會有回報，但是絕對急不來。

重點❾ 逢低加碼

假日時我喜歡沿著河濱騎腳踏車,有時候一出發就碰上大逆風,這個時候我反而會堅持騎遠一點,儘管會踩得很累,但是回程時的順風就會更遠更爽。定期定額有時候也會碰上意外崩跌這種大逆風,一定要堅持下去,在崩跌時持續買進股票,甚至逢低加碼。

只要你堅持得越久,將來的回報就會越大。如果碰上逆風,就停止投資而站在原地不動,將來要怎樣享受順風的旅程呢?

定期定額存股 逢低大膽買

巴菲特說:「逢低買進績優股,是致富的不二捷徑。」定期定額加上「逢低加碼」,可以快速增進投資的績效。

但是怎樣的股價叫做低點呢?例如,在 2014 年每個月買進 1 張台新金,你會發現,股價大約在 12.2 ～ 16.5 元區間遊走,所以當股價在 13 元附近的相對低點時,你可以「多買」一些,達到「逢低加碼」的效果。可是,逢低加碼的錢要從

哪裡來呢？要去借錢嗎？建議可以從獎金或資金分配兩方面著手，平時存一筆「加碼基金」，也是不錯的方法。

那麼，定期定額投資究竟有什麼優點？我有以下的看法：

優點❶ 可當子女教育基金

定期定額非常適合幫子女存教育基金，可以在小孩子出生時幫他開戶，然後定期定額在小孩戶頭內買進股票，等到小孩將來讀大學、出國留學時，你就會發現，有一堆好股票搶著幫你出錢。

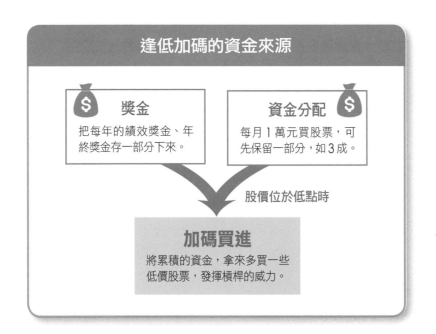

逢低加碼的資金來源

獎金	資金分配
把每年的績效獎金、年終獎金存一部分下來。	每月1萬元買股票，可先保留一部分，如3成。

股價位於低點時

加碼買進
將累積的資金，拿來多買一些低價股票，發揮槓桿的威力。

優點❷ 不怕股市崩盤

如果一碰上暴風雨就棄船逃生，有可能橫渡大海嗎？定期定額長期投資，一定會碰上股市的大風暴、大海嘯，漲漲跌跌本來就是股市的自然現象，如果股市一下滑，就立刻殺出持股，要怎樣在股市中獲利呢？ 1991 年伊拉克入侵科威特，全球風雲變色，各國股市大幅滑落，投資人也不敢抱太多希望，但是當盟軍在短期間內獲得勝利後，全球股市也立刻全面上揚。

不要因為逆境而中斷夢想，勇敢持續買進股票，甚至在恐慌時大幅加碼的投資人，都獲得了最大的獎賞。

優點❸ 不用預測漲跌

沒有人可以準確預測股市脈動，基金經理人詹姆斯‧貝里（James Barry）說：「我們都不去做股市預測，只是一直買進好股票，然後長期持有。當這些好股票大跌，就像是碰上換季大拍賣，除非有什麼特殊的意外狀況出現，我們通常會趁機多買一點。」

既然你選擇「定期」買進股票，就不用管股市的漲跌，也不要被它所干擾。

優點❹ 認真就有回報

定期定額投資股票,「執行」最重要,沒有執行力一切只是空談,到最後你只能一直羨慕別人。我持續投資 20 年,累積了 3000 萬元股票。捫心自問,我沒有特別聰明,我讀的是機械,股票投資的知識全憑自修與 20 年的實戰。我的收入也沒有比較高,一直都是上班族,當過 5 年低薪的代課教師,還要養 3 個小孩。唯一值得強調的就是我「持續買了 20 年」、「配股配息再投入」、「逢低勇敢加碼」,這 3 件事我「認真執行」了 20 年,所以我有今天的成果。

基本上,我是買進好股票就死抱不放的投資人,我從來不曾在高點出清過股票,對我來說,股票是「資產」,我看中的是它們給我的股息,這些股息就是一筆「天上掉下來」的「現金流」,可以不斷灌溉我的股票資產。

只要持之以恆地灌溉下去,我的「股票農場」就會越來越大,又會繼續生產出更多的「現金流」,然後我又可以灌溉更大範圍的股票農場。這就是一個「正循環」,只要這個正循環一直擴大下去,財富就如同揮之不去的影子,而且這個影子也會一直長大。

便宜的股票　看本益比去找

　　許多投資人都希望買到「便宜」的股票,那麼怎樣的股票叫做便宜呢?當大立光(3008)股價在 500 元左右時,不少人覺得很貴、捨不得買,結果股價漲到 2,820 元歷史天價。當茂德(5387)股價跌到 1 元多時,也會有人貪便宜買進,結果這家公司的股票最後下市了。

　　500 元和 1 元,哪一個便宜?單看數字當然是 1 元,但是請思考一下,為何一家公司的股價可以達到 500 元,一定有它「值錢」的原因,不然大家不會出這麼多錢來買;同樣的,股價跌到 1 元多,幾乎是送給別人都不要,那也一定有它可憎之處。

　　決定股票價格高低的,還是在於「價值」,所以在股市老手的眼中,幾百塊錢的股票可能比幾塊錢的還要便宜,可惜一般投資人還是喜歡買便宜的股票。要怎樣來衡量股票的「價格」與「價值」,本益比會是好工具。

　　要記得,買股票是要買「獲利能力強」,而非「價格便宜」的公司。本益比是最常用來評估股票的指標之一,運用

本益比算法

本益比＝股價÷EPS（每股盈餘）

舉例說明：

A 公司股票：股價100元、EPS 10元，本益比＝100÷10＝10

B 公司股票：股價40元、EPS 2元，本益比＝40÷2＝20

從上面計算結果可以發現，儘管 A 公司股價比 B 公司高，但是本益比反而比較小，就投資的角度來看，A 公司反而比較便宜，因為 A 公司每10元的股價可以賺1元，而 B 公司每20元的股價才賺1元。

本益比有以下幾個訣竅：

訣竅❶ 本益比是過去式

我們很容易就能查出一家公司過去10年的本益比，但切記，投資股票是看未來，過去的本益比不見得可以做為參考，與其努力統計過去的本益比，還不如認真研究公司目前的營收，以及產業未來的前景，然後預估今年、明年的本益比，未來本益比對股價的影響比較大。

訣竅❷ 不適用景氣循環股

業績和獲利會隨大環境經濟景氣而波動的公司，稱為「景氣循環股」。對於景氣循環股，本益比必須顛倒過來使用，例如營建類及汽車類的股票，當經濟一片大好時，大家熱衷於買房和買車，相關公司的 EPS 就很可觀，本益比也會因此變小，如果在此時買進，極可能買在景氣高峰，一旦景氣滑落，股價下跌就會遭受損失。

拿營建股的華固（2548）為例，該公司在 2007 ～ 2013 年這 7 年中，有 6 年的 EPS 超過 10 元，算是績優的好公司。華固 2013 年的 EPS 高達 11.08 元，平均股價為 85 元，本益比約 7.7，實在是非常低，2015 年預估 EPS 為 7 元，年初的本益比只有 9 倍。

而在 2003 年 SARS 肆虐期間，房價一再破底，華固 EPS 只有 0.13 元，年平均股價則是 8.15，本益約 62.7，算是非常高，但股價就此開始往上走，最高達到 141.5 元。

遠雄（5522）的情況也類似，2003 年本益比為 21.3，平均股價為 13.2 元；2013 年本益比為 6.3，平均股價則為 54.5 元。

從上面的例子可明顯看出，景氣循環型的股票，要買在高本益比，賣在低本益比。

訣竅❸ 觀察產業與本益比的關聯

高獲利成長的產業，例如科技業，通常比傳統產業享有更高的本益比，而「產業前景充滿想像空間」的股票，例如2000年的網路股，以及許多目前的生技股，其實處於長期虧損，根本計算不出本益比，只能用「本夢比」來形容。

當這些產業位於景氣高峰之際，因為「預期心理」或「資金簇擁」，通常享有高股價（高本益比），一旦景氣滑落或炒作資金退潮，下跌的速度恐怕比上漲時還恐怖。高本益比及只有本夢比的股票，不建議長期投資。

訣竅❹ 注意盈餘分配多寡

如果一家公司持續維持不錯的獲利，本益比也不高，「盈餘分配率」卻偏低，例如賺了10元的EPS，只配發2元股利，那麼投資人是「看得到而吃不到」，不見得適合長期投資。一家好公司除了本益比要低、每年獲利成長之外，更重要的是盈餘分配也要跟著成長，不僅可為投資人帶來股息，也表示這家公司經營穩健，並且對未來有信心。最近幾年，

鴻海（2317）的盈餘分配率只有 3 成多，不僅廣為投資人所詬病，也只能享有 10 倍左右的本益比，股價也就趴在那裡。

訣竅❺ 高成長股比較貴

　　如果 A 公司每年獲利成長 15%，而 B 公司成長 30%，那麼投資人通常願意為 B 公司付出較高的本益比。如果投資人願意為 A 公司負擔 15 倍的本益比，那麼 B 公司有可能高達 30 倍，你不能指望 B 公司的本益比跌到跟 A 公司一樣，這樣你可能永遠都買不到股票。投資人不能老是在低本益比裡面找股票，不然你可能只會找到一些低成長的股票。高成長的績優股，還是要付出額外的費用才能擁有。

訣竅❻ 跟過去的自己比

　　不同產業及成長率不同的股票，不會有相同的本益比標準，因此 1 檔股票最好的比較基準，是自己過去的本益比。如果往年本益比都在 20 倍，那麼在 20 倍以下買進，會比較安全，而當 EPS 沒有改變、本益比超過 20 倍，例如 30 倍時，就該尋找其他替代標的，或等待本益比降回原有範圍。

訣竅❼ 適用獲利穩定的產業

　　本益比適用於獲利穩定的產業，例如金融業及傳統產業，

至於獲利「上沖下洗」的科技業，例如宏達電（2498），EPS
可以從 2011 年的 73.32 元跌到 2013 年的 -1.6 元，F-TPK 宸
鴻（3673）的 EPS，可以從 2011 年的 48.22 元跌到 2014 年
的 0.84 元，下滑幅度十分驚人，目前 2 家公司的本益比都高
達百倍。

這種公司就不適合用本益比來評估，而是要看未來的成長

本益比實用技巧

技巧❶ 注意參考指標

使用本益比時，除了要參考該公司的歷史本益比，
也要了解競爭對手的本益比，此外，整體大盤本益
比及當時市場上的投資氣氛，也是重要參考指標。

技巧❷ 本益比12倍以下買進

一般法人投資者，會把12～15倍的本益比當成基本指標，對我來
說，當績優股的本益比在12倍以下，我就會買進，10倍以下，更
會多買一點。

技巧❸ 觀察經濟景氣

本益比會隨著經濟大環境的改變而變動，2014年1～9月，台股
平均本益比是17.8，但是在2008年金融海嘯期間，9月的本益
比就降到10.14，這樣低的本益比就表示景氣極差，而且股價極
低，此時就可以開始多買績優股。

性，由於他們以前是獲利優良的績優生，因此市場願意多給他們一點時間，讓他們享有很高的本益比，一旦獲利成長不如大家預期，一直趴在地上而轉型無望的話，本益比還是要往下修正，股價也會下跌。

訣竅❽ 注意高本益比的反轉

想要買成長快速的公司股票，就必須接受比較高的本益比，但是不要被「本夢比」沖昏頭，要冷靜確認高本益比是否合理。一旦公司盈餘開始下滑，喪失成長動能，高本益比恐怕會重重摔落地上，股價也可能劇烈變動。此外，當整體經濟下滑，股市往下回檔修正時，儘管高本益比股票的盈餘還在成長，但是股價還是有下跌的可能。

賣掉股票的4個訊號

很多人認為買進好股票之後，就應該要長期持有，永遠不要賣出。這樣可能會曲解「買進好股票，長期持有」的概念。投資這個動作是永久的，但是壞公司的股票一定要砍，一旦經營團隊改變、公司的方向出問題，或是產業結構改變

時，還是要趕把股票賣掉。

但是請記得，賣掉股票的目的是為了籌措資金，然後再買進其他的好股票，建議出現下列情況時，可以考慮賣出手中的股票：

賣股訊號❶ 判斷錯誤

大約 10 年前，液晶螢幕（LCD）價格開始滑落，看上龐大老舊傳統 CRT 電視的換機需求，我開始在 60 元附近開始買進友達（2409）的股票，2007 年友達獲利高達 564 億元，EPS是 7.22 元。可惜 LCD 擴產太過迅速，整個產業淪落到殺價競爭的紅海，一利難求。我只好承認自己判斷錯誤，在 40 元的價位賣出全部持股，改買聯詠（3034）這家生產 LCD 驅動 IC的股票，不僅迅速止血，也開啟了另一個賺錢藍海。

賣股訊號❷ 發現更優標的

20 幾年前，我媽媽持有不少未上市股票，諸如鑫成、台晶、飛虹、世界先進……台積電（2330）和世界先進（5347）分別上市櫃後，我發現台積電的經營績效比世界先進更勝一籌，便陸續將世界先進賣出，轉換成台積電。至於飛虹（3342），在 2007 年登上興櫃後，我用 40 元左右的價

格將 100 多張股票全部出脫，繼續買進台積電。

投資人一定會買到一些不賺錢的股票，如果你看不到這支股票的未來，絕對不要採取鴕鳥心態，記得要儘早出脫，買進更好的股票。

賣股訊號❸ 本益比過高

本益比過高有 2 種情況，一種是公司的獲利下降，另一種則是股價漲得太高。如果獲利下降是因為產業前景變差，或是公司本身的競爭力下降，那麼還是要儘早出脫，千萬不要留戀。

華晶科（3059）就是一個好例子，2002 ～ 2009 年的 EPS 幾乎年年超過 5 元，算是非常績優且穩定的公司，可惜因為數位相機逐漸被手機取代而沒落，2010 年起，EPS 均不到 1 元，甚至面臨虧損。由於產業前景發生改變，我在 2010 年全部出脫。

當股價漲得太高導致本益比偏高，首先要注意公司的獲利有沒有持續成長。例如全家（5903）的本益比已經超過 30 倍，但是 2008 ～ 2014 年獲利成長，因此可以承擔較大的本益比。如果股價想要繼續往上走，必須觀察獲利成長的幅

度，不然以它 2.5% 左右的現金殖利率來說，幾乎要持有 30 年才會增值 1 倍，實在不夠迷人。如果獲利無法繼續成長，恐怕也很難長期保有高本益比，那麼就要考慮逢高出脫，轉進其他低本益比的好股票。

賣股訊號❹ 經營團隊誠信不佳

經營者的誠信，是判斷一家公司好壞的最重要指標。2014

年台灣爆發多起重大黑心食品案件，老百姓人人自危，除了不知道可以吃什麼之外，截至 2014 年 10 月 28 日，已經有11 個國家阻擋台灣的食品進口，重創台灣國際形象。食安風暴核心直指頂新集團，包括銅葉綠素油、餿水油和飼料油，統統中鏢，頂新不僅輸掉信譽，也引起抵制味全（1201）產品的全民運動。

調查發現，公司高層不僅涉嫌在檢驗報告做假，謊稱商品全部通過檢驗，並更改產品包裝來掩飾不良商品。2013 年10 月，大統葉綠素油事件爆發，味全董事長出面道歉，21項油品下架，味全股價從 60 元高點下挫到 50 元以下。但味全高層顯然沒記取教訓，2014 年 9 月的餿水油及 10 月的飼料油，味全都中獎，股價更是直接腰斬到 20 元出頭。

頂新 1 年之內連續出 3 次包，在銅葉綠素油事件後，魏家三董魏應充說：「一向堅持，食品是老實人做的生意，也是一個良心事業。」如果當時虛心檢討，將問題產品全部銷毀，就不會有 1 年後的餿水油、飼料油風暴，他也不用被檢方收押，求刑 30 年！可見公司高層當初只是拿「良心事業」來愚弄大眾，公司高層的誠信大大有問題。

　　產品品質與公司誠信，是績優股的重要指標之一，一旦道德有虧損，這種股票還是要早早出清。投資人如果在葉綠素油事件爆發後，儘速出清味全的股票，就可以避開往後腰斬的命運。

第 9 章

年輕學子存股術

打工存股
贏在起跑點

很多學生會利用課餘去打工，儘管賺了不少錢，但吃喝玩樂的開銷也變多，這其實很可惜。如能妥善規畫，小錢也能發揮滴水穿石的效果。我有位學生花1年時間存了20張股票，預計大學4年畢業後至少能存60張，還沒上班，他已經贏在起跑點上。

根據「財金智慧教育推廣協會」統計，2014年國內大學生平均每月花費約6,800元，有高達25%的人入不敷出。45%的大學生每月花費低於5,000元，約41%花費介於5,000～10,000元間。調查同時顯示，有儲蓄習慣的大學生中，有34%每月儲蓄金額在1,000元以下，由此可見，國內的大學生普遍有「錢不夠用」的窘境。

要打破這個窘境，首先得知道「錢花到哪裡去了」？記帳會是一個很好的方法，可以藉此審視不必要的開銷，進而達到「節流」的目的。除了節流之外，大學生畢業後馬上面臨就業問題，因此財務規畫上必須講求長遠，如果大學生可以

利用零用錢或打工收入來投資，例如定期定額買零股，學習
「用錢賺錢」的技巧，就可以提早為將來人生的財務規畫做
好準備。

打工存股 大學4年可存60張股票

　　幾年前電影《海角七號》熱賣，讓我觀察到一個現象，現
在的年輕人很捨得花錢，也很敢花錢，《海角七號》看1遍
不過癮，再去看第2遍、第3遍，票房就是這樣創造出來，
只要開心就好，口袋漸空終不悔。我班上的學生，每天喝一
堆飲料，我一直告誡他們，該把這筆錢省下來，可是每天放
學打掃時，垃圾桶還是一堆飲料罐。對於現在的年輕人來
說，花錢沒關係，立即的滿足才重要。

　　大家都知道，喝水取代飲料，1天可以省下幾十元，1個
月上千元，用來投資股票，10年後就可以看到成果。但是現
在的年輕人大多沒耐心等那麼久，所以街頭才會有一大堆超
商和飲料店，密度高到嚇死人。日本賺錢之神邱永漢曾說：
「股票的利益是忍耐的報酬，只有十分之一是靠聰明，十分

之九是靠忍耐。」年輕時如果能夠犧牲享受，例如看二輪電影或喝水取代飲料，10 年、20 年後，就可以享受到這些犧牲的成果。

　　現在年輕人打工機會多，有些學生會利用假日在餐廳端盤子，或是放學後到加油站打工。儘管打工賺錢的機會多了，但日常生活的花費、誘惑也很多，比如買好一點的手機，每個月的電信費用等，口袋的錢很容易在不知不覺中花掉。年輕人打工會壓縮讀書的時間，如果辛苦賺到的錢又隨便花掉，真的很可惜。打工賺的錢雖然不多，如果可以妥善規畫，還是可以發揮「滴水穿石」的效果，進而累積出資產。

　　打工，首先要避免單純的「用時間換錢」，我覺得重點在於「學習有用的技能」，以及將打工賺的錢「做最有效益的規畫」。我有個學生叫做陳宏偉，他是田徑隊的體育生，主修三級跳遠。田徑生畢業後通常會就讀體育大學，但是大學畢業後不容易靠田徑專長就業。為了規畫未來，他在高三那一年認真學游泳並考取救生員執照，高中畢業後就在游泳池當救生員，並且教小朋友游泳。所以想要打工，最好先練習實用的相關技能，並取得證照。

中信金（2891）近年股利

單位：元

股利發放年度	現金股利	股票股利	合計
2010	0.64	0.64	1.28
2011	0.73	0.72	1.45
2012	0.40	0.88	1.28
2013	0.71	0.70	1.41
2014	0.38	0.37	0.75

資料來源：證交所

2013 年夏天，在他高三畢業前曾問過我要怎樣投資股票，由於我當時正在存中信金（2891）這檔股票，我告訴他，畢業後好好打工賺錢，有錢就慢慢買中信金。為何存中信金？主要還是因為它是國內金融消費龍頭股，再來就是股價便宜，而且配股配息還不錯！

存股票其實就是靠「股利」自我繁殖，如果股票股利比較多，累積的速度就會快一點。從上表可看出，中信金在我存股票的這幾年，都很認真地配發股票股利，所以我存得很順利，特別是又碰上 2 次現金增資，存起來又更快。

陳宏偉進入體育大學就讀後，暑假及課餘時間都在游泳池

打工賺錢，而且他還有直排輪的專長，冬天游泳池歇業時，可以靠直排輪教學賺錢。然後他也很聽話，持續買進中信金，1年後他跑來找我，説他已經買了19張中信金，2014年除權息後就會有20張，看起來成績還不錯。

之後為了分散風險，我叫他接著存第一金（2892）。第一金的股本比中信金小，配股的潛力比較高，且屬於公股行庫，比較穩定，獲利也不錯。我鼓勵他繼續努力打工賺錢，已經存下的20張中信金，會開始貢獻股息幫他存股票，我特別提醒他，不可以把股息花掉，要再存進去。順利的話，我估計2年後，也就是在他升大四前，應可以再存20張第一金股票。

此後，中信金跟第一金每年都會貢獻股息幫他存股票，只要持續打工賺錢存股票，大學畢業時應該可以再存20張台新金（2887）。他大學畢業後，就各有20張中信金、第一金和台新金的股票，而且這60張股票每年都會貢獻股利，幫他繼續存股票。

相較於許多畢業後還要努力工作賺錢償還助學貸款的畢業生，陳同學畢業後是不是就贏在起跑點上？這全部都要靠他

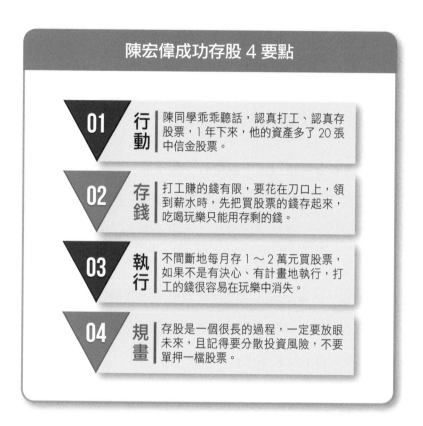

陳宏偉成功存股 4 要點

01 行動　陳同學乖乖聽話，認真打工、認真存股票，1 年下來，他的資產多了 20 張中信金股票。

02 存錢　打工賺的錢有限，要花在刀口上，領到薪水時，先把買股票的錢存起來，吃喝玩樂只能用存剩的錢。

03 執行　不間斷地每月存 1～2 萬元買股票，如果不是有決心、有計畫地執行，打工的錢很容易在玩樂中消失。

04 規畫　存股是一個很長的過程，一定要放眼未來，且記得要分散投資風險，不要單押一檔股票。

大學 4 年的努力，堅持有紀律地存股票，先預祝他成功。

聽我幫他規畫大學 4 年的「打工存股術」，學生很開心地問道：「老師，那我大學畢業後，不就可以天天釣魚？」我白了他一眼，告訴他乖乖地再存 20 年，等他到了 40 歲就可以「天天釣魚」。我常說：「錢不會從天上掉下來。」存股

票需要耐心，要花上 10 幾、20 年的時間。

自動繁殖　畢業後贏在起跑點上

各位讀者看到這裡，可能會有一個疑問：「為何只教學生買金融股？」我這個學生的個性很怕麻煩，我試著教他怎樣尋找存股標的，他只是跟我說：「好累喔！」如果懶得研究股票，那就買金融股吧！因為「存股投資術」的成功關鍵是配股配息，台灣一些大型金控經營穩定，獲利也不錯，符合這個特質，而且以台灣的政經環境來看，大型金控要倒閉的機率很低，存股比較不會變成壁紙。

然後就是簡單的分散投資觀念，公家銀行獲利比較穩定，民營銀行比較敢衝。如果想要分散風險，那就公家銀行、民營銀行輪流存股。所以我暫定給他的存股順序，就是中信金、第一金、台新金，這 3 家公司最近 5 年的獲利與配股、配息都還不錯，且大多數的股價在 20 元以下，符合「低價買好股」的原則，我個人認為，實在是不錯的存股標的。

配股配息會降低持股成本，我的學生 1 年存了 20 張中信

金，假設平均買在 18 元，2014 年配發現金股利 0.38 元，成本就降為 18 － 0.38 ＝ 17.62 元。接著又配發 0.37 元的股票股利（1 元等於 100 股），成本又會成為 17.62÷（1 ＋ 0.037）＝ 16.99 元。以中信金近期 20 元以上的股價來說，16.99 元的持股成本就相對安全。

如果再持股 3 年到大學畢業，成本又成為多少呢？由於很難預估往後 3 年的配股金額，所以我採用最近 5 年的平均值，也就是 0.572 元現金股利，以及 0.662 元股票股利，計算出來 3 年後持股成本會變成 12.5 元（見下表），是不是很

中信金未來配股配息試算

年度	原持股（張）	配息（元）	配息可買（張）	配股（張）	除權息後張數	除權息後成本
大一（2014）	19.00	7,220	0.361	0.703	20.064	17.0元
大二（2015）	20.00	11,440	0.572	1.324	21.90	15.4元
大三（2016）	21.90	12,525	0.626	1.450	23.97	13.9元
大四（2017）	23.97	13,712	0.686	1.587	26.24	12.5元

說明：假設現金股利0.572元、股票股利0.662元；除權息後成本四捨五入至小數點第1位。

低呢？除了 2008 年全球金融大海嘯外，中信金很難得看到這樣的低價。所以長期持有「穩定配股配息」的績優股，可以「持續降低成本」，持有股票越久，就會越安全。

再來算一下，學生這 20 張中信金，如果把每年的配股配息都持續滾入，3 年後他大學畢業時會變成多少張呢？一樣以 0.572 元現金股利及 0.662 元股票股利來試算，假設未來 3 年平均股價是 20 元，2015 年他可以領到 20 張 ×1000 股 ×0.572 元＝ 11,440 元現金股息，以及 20 張 ×（0.662 元 ×100 股）＝ 1324 股，即 1.324 張股票，11,440 元現金股利繼續買進 0.572 張中信金（假設股價 20 元），於是 2015 年除權息後學生會增加 0.572 ＋ 1.324 ＝ 1.896 張的股票。這樣 3 年後，不用花自己 1 毛錢，20 張會增加成為 26.24 張，股票自己繁殖了。

雖說年輕學子的本業是努力求學，但是如果能在求學期間，學習理財知識，並做好理財規畫，在步出校園時，就能為自己準備好第 1 桶金，讓自己「贏在起跑點上」。

投資筆記

第 10 章

上班族存股術

練習不浪費
學富人賺錢術

如果一輩子只能夠靠雙手賺錢，到最後只會不斷消耗自己的本金，透支自己的健康，完全沒有餘錢與精力來投資理財。上班族必須認真學習理財、努力累積資產，靠資產的利息來支付開銷，這樣才能改變自己的未來。

　　年輕上班族一開始的薪水可能不高，還能夠存股嗎？股神巴菲特最廣為人知的是「價值投資」，但是大家經常忽略了，他投資超過 60 年。價值投資靠的是複利，複利則需要時間來發酵，所以越年輕的人，越早開始投資，產生的效果就越大。

收入不高　投資越早開始越好

　　一般年輕人研究所畢業開始上班，差不多 25 歲；35 歲時工作已經穩定，大多已經結婚並生了小孩；到了 45 歲，小

孩長大，家裡空間不夠大，開始有換屋需求，且教育經費逐漸增加，要開始規畫小孩將來出國留學的費用，但是錢從哪裡來？

如果在 25 歲時投資 100 萬元，此後不再繼續投入金錢，並假設每年平均報酬率為 8%，45 歲時會累積到 466 萬元；但如果在 35 歲才開始投資，到了 45 歲只能累積 216 萬元。同樣的 100 萬元，只是提早投資 10 年，差距就是 250 萬元。

當你 45 歲時，會很慶幸有一筆 466 萬元的資金可以買車、買房、規畫小孩子出國留學。或許你會問：「如何在 25 歲時有 100 萬元可用來投資？」其實，看上一章陳同學打工存股的案

提早 10 年投資 多存 250 萬元		
年齡（歲）	累積投資額（萬元）	
25	100	
26	108	
27	117	
28	126	
29	136	
30	147	
31	159	
32	171	
33	185	
34	200	
35	216	100
36	233	108
37	252	117
38	272	126
39	294	136
40	317	147
41	343	159
42	370	171
43	400	185
44	432	200
45	**466**	216

說明：以年報酬率8%試算。

例，只要持之以恆，在 25 歲時擁有 100 萬元，並非難事。

總之，這個案例是在說明「時間」對投資的重要性，強調「越早開始越好」的投資觀念。只要從現在開始，努力存錢投資，將來你的人生就會不一樣。年輕上班族最大的困境還是收入不高，如果想要投資，便要做好「開源」、「節流」兩件事。

理財第一步 專注本業競爭力

有位剛考上初等考試的公務員，來找我討論他該怎麼做理財規畫，他目前薪水約 29,000 元，每個月可以存下 5,000 元，希望在 5 年內結婚生子，想知道可以做怎樣的規畫。

我問他每天花多少時間研究股票，他說目前有空就在 K 書準備高普考，通過普考可以加薪到 39,000 元，通過高考則是 46,000 元，他預計用 2 年時間專心準備高考，所以沒時間研究股票。

我聽到這裡，馬上勸他暫時打消理財的念頭，我分析給他聽，就算他每個月投資股票 5,000 元，2 年下來也才 12 萬

元，要靠這筆錢來改變人生可說是「杯水車薪」。但是如果他考上高考順利加薪到 46,000 元，每個月應該可以拿出 2 萬元來投資，這樣一來，改變人生的速度會加快很多。所以這位年輕公務員，短期內的重點是積極準備高考，理財第一步應該是：先努力為自己加薪。

對於起薪不高的年輕人來說，我覺得最重要的開源方式是「增加本業的競爭力。」工作的專業攸關一輩子的收入，一定要認真去學習。年輕人不要計較薪水高低，也不要計較是不是經常加班，要計較的是，這份工作可以學到何種專業。本業是安身立命、養家活口的根基，特別是在股市大風暴降臨時，你會很慶幸有一份穩定的工作收入。

2009 年全球金融大海嘯期間，我認為是很好的投資機會，申辦了 500 萬元房貸投入股市。當時我做過評估，我在公立學校教書，被裁員的機率極低，而且每個月的固定薪資能負擔房貸利息，所以可以大膽投資，趁機大買便宜的績優股。如果自身的工作專業不足，在全球經濟蕭條時被減薪、裁員，不僅無法危機入市，還可能為了生活而要賤賣以前投資的股票，大好的投資機會擺在眼前，也是看得到吃不到。

　　1994 年，我從台科大機械研究所畢業，當時貪圖穩定而到學校當代課教師，現在我很後悔，年輕時沒有到新竹科學園區打拼。我有一個同學，年輕時在台積電（2330）上班，累積了數百張員工配股，幾年前就已經過著遊山玩水的退休生活。兩相比較，我的工作雖然穩定，但是我要工作到 65 歲才能退休；我的同學在台積電或許很操，還經常加班、被長官和客戶修理，但是他 45 歲就開始享受退休人生，這就是「專業」的重要性。

　　好的專業也可以傳承子孫，這是我工作 20 年最深刻的感觸。2000 年我結束 5 年代課教師生涯後，應徵了 2 份工作：台北捷運公司的工程員及盛華投顧的產業分析師。台北捷運公司算是寡占事業，上班很有保障，所以我在應徵投顧研究員時，投顧主管便問我會去哪家公司上班？

　　當時我說：「在捷運公司上班，學到的專業只是自己的，無法傳承給小孩；但是在投顧學到的知識，可以教導給子孫，有很大的『邊際效應』。」我順利錄取了投顧研究員的工作。但是，當時我第 2 個小孩即將出生，我最後選擇了相對穩定的捷運公司，這個抉擇令我一直心存遺憾，至今仍耿

專業能力的功用

加薪增加資本	得到更多機會	傳承子孫
努力提高工作的薪資所得，可以增加投資本金，加快改變人生的速度。	遇到股市大跌，有穩定收入比較不會恐慌，且有能力貸款，可以危機入市。	好的專業除了自己受惠，還可以將觀念承傳給小孩，是一輩子最好的投資。

耿於懷。

如果我當初選擇去投顧上班，說不定現在已經退休在家自己操盤了。這個經驗告訴我們，年輕人一定要趁著還沒結婚生子之前，找出自己的方向，學好自己的專業技能。好的專業能力是你「一輩子最好的投資」，還可以傳承給下一代，改變子孫的命運。

靠專業兼差 錢比較好賺

想要多賺一點錢來投資，打工兼差是方式之一。打工可分

為「用時間賺錢」及「靠專業賺錢」兩種。一般的超商、飲料店、加油站打工，就是靠時間賺錢，學習到的專業不多，賺的也多是辛苦錢，我個人認為，靠專業打工比較實際。

前一陣子我搬家，只是從 1 樓搬到 2 樓，發現純粹靠「苦力」搬運的工人，每個鐘頭只收 800 元。但要搬鋼琴時，工人馬上說這是「特殊物件」，另外找了一組人來搬運，半個鐘頭就收費 2,500 元。再來就是分離式冷氣，一樣從 1 樓搬 2 樓，居然要收費 4,500 元。從這裡可以看出，靠「勞力」跟「專業」打工的不同，當你在 50、60 歲時，如果還要靠時間、勞力來兼差賺錢，不覺得悲哀嗎？

打工會壓縮自己的休閒時間，唯有靠專業才能賺到輕鬆錢。幾年前，在我任教的學校有一個技士，他一邊讀研究所一邊修教育學分，最後順利取得教師資格，此後他就在夜間部兼課，賺取 1 節課 400 元的鐘點費，一個晚上 5 節課就有 2,000 元的收入，而且可以做到 65 歲退休。他當初投資時間、金錢去取得教師資格，還當了半年無薪的實習教師，但往後 20 年的投資報酬率會很高。

我從 2001 年開始當正式老師之後，會利用下班後、假日和

寒暑假，拼命寫教科書來賺取版稅，就是靠自己的專業來打工。寫教科書很辛苦，但寫好後，每年都有版稅可以領，然後我再用版稅買進股票來累積資產。靠專業賺錢不僅賺得比較多，也比較輕鬆，而且會有更多時間留給自己跟家人。

·

小錢也要拿來投資

記得 2009 年政府發放消費券，我班上一位鄭姓學生拿去買了 1 支新手機，我問他：「你事業有做這樣大嗎？要用到這麼好的手機。」為何不把錢做更有效益的運用呢？現在的學生幾乎人手 1 支智慧型手機，但是平時也不過是上上 FB 聊天、傳個 line、打打 Game 而已，可是每個月的電話網路費，會不斷掏空口袋，所以手機只是「會貶值的負債」。

前面說過，100 萬元投資下去，在 20 年後會變成 466 萬元，年輕時的錢最有投資效益，它的價值最大，實在不應該浪費在會貶值的負債上。

有些年輕上班族，因為工作辛苦，所以習慣犒賞自己，每天幾杯咖啡飲料、每個星期吃大餐聚會、買最新款的手機、

每天少花100元資產會膨脹	
年度	總投資額（萬元）
1	3.65
2	7.59
3	11.8
4	16.4
5	21.4
6	26.8
7	32.6
8	38.8
9	45.6
10	52.9
11	60.8
12	69.3
13	78.5
14	88.4
15	99.1
16	111
17	123
18	137
19	151
20年	167萬

說明：以年報酬率8%試算。

名牌精品……每個月成了月光族，固然可以得到心情上的滿足，但是把錢花光了，又有何能力投資？如能用白開水取代咖啡飲料，帶便當取代昂貴又不健康的外食，戒菸酒還賺到身體健康，每個月不就可以省下幾千元來投資，不就有機會改變未來？

假設一個上班族每天花100元在咖啡、飲料和香菸上，如果這筆錢（1年36,500元）放在年報酬8%的投資上，第2年就會有36,500×1.08（第1年獲利）＋36,500＝75,920元，10年後將會有52.9萬元，20年後則會有167萬元……只是簡單戒掉一個隨意花錢的小動作，資產就會慢慢膨脹。

堅守6原則 加速財富累積

一般上班族如果要一邊工作，還要抽空買賣股票做價差，勞心勞力、蠟燭兩頭燒，不僅本業會停滯不前，當心沒賺到價差，還賠光辛苦存下來的錢。工作忙、時間不多的上班族，比較適合「買好股，股利再投入」的存股方式，利用時間複利效果讓好股票自己繁殖，可採用以下的方式來操作：

原則❶ 預留生活費

投資之前，應該先預留 6 個月左右的生活費，用來應付無薪假或裁員等意外狀況，沒有生活壓力，才能夠快樂地投資股票。

原則❷ 只花存剩的錢

下班後跟同事聚餐、看電影，偶爾逛街 shopping 慰勞工作的辛勞，看見同事換手機，自己的手機越看越礙眼……上班族經常因為這些沒有規畫的消費，讓自己成為月光族，原先打算「存錢投資」也因為一直存不到錢而做罷，等到後悔時才發現，時間完全不等人。正確的做法是，每個月薪水一下來，馬上把要投資的錢存起來，剩下來的才是可以花的錢。

原則❸ 挑績優龍頭股

上班族如果沒時間研究股票，就要挑最好的公司來幫你賺錢，挑選方式如下：

● 產品具競爭力

產品在全球市場上具寡占性，技術領先且正派經營，例如台積電（2330）。還有就是市占率高，不受景氣與產業循環影響，例如統一超（2912）、中興保全（9917）。

● 獲利連續成長

連續 5 年以上每股盈餘（EPS）為正數且穩定，這種公司代表長期都在賺錢，只要公司有配息，就算不慎買在高點，也會有解套的一天，例如台灣大（3045）、中信金（2891）、富邦金（2881）。

● 淨利優於同業

公司的營收與獲利不一定能劃上等號，因為有高營收，不表示一定會賺錢。如果一家公司的毛利率與淨利率，都能長期維持穩定，而且優於同業，未來的獲利能力會比較讓人放心，例如聯發科（2454）、第一金（2892）、兆豐金（2886）。

原則❹ 定期定額買進

理論上，股票要買在低點，但是好股票的股價往往越等越高。即使等到全球遭逢重大金融風暴，股價腰斬跳樓大拍賣時，卻又怕得不敢出手。用定期定額的方式買股票，就不用猜股價的高低，例如每個月固定拿出 5,000 元以零股買進績優股。

原則❺ 逢低勇敢加碼

當遭逢非經濟面因素（例如政治紛擾），且公司的體質、獲利沒有變差，如果股價意外暴跌，要勇敢加碼買進便宜的好股票。不過在逢低加碼之前，一定要做好研究功課，以免買到不良的公司，反而遭受更多損失。

原則❻ 股息再投入

如果把每年領到的股息都拿來花用，就不會有複利成長的效果，你的投資也將停滯不前。股息一定要再投入，才可以積極創造財富。

我當了一輩子的上班族，深知錢不好賺的辛酸。我相信只有持續不斷投資理財，靠著股息幫自己加薪，才可以擺脫朝九晚五的辛苦上班歲月。我投資股票 20 年，現在靠股息每個

月幫自己加薪 10 幾萬元，生活壓力減輕不少；我規畫再認真投資 7 年，可以月領 20 幾萬元股息，然後快樂退休去。

投資股票不會一步登天，需要長時間認真執行，年輕上班族要謹記：「賺多少錢不是重點，重要的是能『存』下多少！」把存下來的錢做最有效益的投資，才能改變人生。

上班族想要達到財富自由，一定要建立「窮人靠雙手，富人靠利息」的觀念，有錢人可以靠房租、債券利息、股票股息等「利息收入」來支付自己的生活，而且花剩下的利息還會不斷地幫他累積資產。

上班族如果只靠 2 隻手工作，能賺多少錢？又能工作多久

靠股息賺錢的 3 大好處

天上掉下的錢

用股息投資可說是無本生意，就算出現虧損，也不會影響日常生活與財務規畫。

增加收入

配息繼續滾入會逐漸增加資產，股票張數變多，股息收入也會逐年增加。

對抗通膨

把股息持續買入股票，股子自動繁殖的增值速度，可以超越通膨成長率。

呢？拿我現在住家附近台北市奇岩重劃區的房子為例，建商普遍開價每坪超過 80 萬元，60 幾坪的房子含車位就要 5000 萬元以上，這還不包括裝潢，就算夫妻 2 人年收入 200 萬元，也要 25 年不吃不喝才買得起。

上班族一定要認真學習理財，努力累積資產，靠資產的利息來支付開銷，這樣才能改變自己的未來。

最簡單的投資法：買台灣50

對年輕上班族來說，研究股票進行投資的最大問題在於，股市裡的產業及個股多如牛毛，不知要從哪裡著手？萬一買到夕陽產業或錯誤的公司股票，該怎麼辦？究竟要繳交多少學費，才能真正賺到錢？

如果有一檔股票，公司不會倒閉，而且每年都有現金股利可以領，那麼只要在股價便宜時一直買，靠著每年發放的股息，就可以持續降低持股成本，而且只要抱得夠久，就算套牢也會有解套的一天，不就一定會賺錢嗎？天底下有這種好股票嗎？

其實是有的，就是股票代號 0050 的台灣 50。首先，台灣 50 不是一家公司，它是由「台股市值最大的 50 家公司」所組成，是指數股票型基金。台灣 50 有不可能倒閉、不怕套牢、不怕買錯個股等特點，且操作起來相對簡單。

操作 0050 的 2 大要訣是：逢低勇敢買進、股息繼續買入。假設投資人自 2005 年起，每年用當年的均價買進 1 張

台灣50（0500）近10年表現　　單位：元

股利發放年度	現金股利	股價			年均殖利率
		最高	最低	年均	
2005	1.85	51.60	43.90	47.30	3.91%
2006	4.00	59.30	49.30	53.90	7.43%
2007	2.50	72.30	53.05	62.00	4.03%
2008	2.00	65.85	28.53	51.30	3.90%
2009	1.00	56.45	30.01	45.30	2.21%
2010	2.20	61.40	47.95	54.70	4.02%
2011	1.95	63.20	46.61	56.60	3.45%
2012	1.85	56.20	47.45	52.30	3.54%
2013	1.35	59.15	52.95	56.20	2.40%
2014	1.55	69.95	55.60	63.00	2.46%
平均值	2.03	61.50	45.50	54.30	3.74%

資料來源：證交所

0050，持續買到 2014 年除息後，結果會如何呢？ 2005 年
花 47,300 元買進 1 張，除息後得到 1,850 元股息，又可以
買進 0.039 張，於是年底時就持有 1.039 張。2006 年再買

台灣50的5大特色

01 不可能倒閉
除非這 50 家「台股市值最大的公司」統
統倒閉，不然 0050 不可能變壁紙。

02 大盤連動高
由市值最大的 50 家公司組成，幾乎大盤
漲，它就漲；大盤跌，也會跟著跌。

03 不怕被套牢
就算被套牢也有穩定股息可領，2005 ～
2014 年平均每年現金股利是 2.03 元。

04 研究大趨勢
不用研究個別產業，只要觀察整體趨勢，
如政府護盤時極可能反彈，可逢低買進。

05 不怕買錯股
買個股可能碰上「眾人皆漲，唯我下跌」
的局面，買 0050，大盤漲，就會跟漲。

進 1 張，累積張數為 2.039 張，除息後可以得到 8,156 元股息，又可以買進 0.15 張，年底就會有 2.19 張……

依此類推，2014 年底除息後會累積到 12 張，其中只有 10 張是花錢買的，2 張是利用股息買的，等於免費奉送。統計 10 年買進的總花費是 54.26 萬元，但是以 2015 年初的 70 元計算，持股總價值為 84 萬元，總報酬率為 54.9%。

每年買1張0050投資績效表

股利發放年度	年初累積張數	現金股利（元）	股息（萬）	股息可買回張數	買進成本（萬）	年底累積張數
2005	1.000	1.850	0.185	0.039	4.73	1.04
2006	2.039	4.000	0.816	0.151	5.39	2.19
2007	3.190	2.500	0.798	0.129	6.20	3.32
2008	4.319	2.000	0.864	0.168	5.13	4.49
2009	5.487	1.000	0.549	0.121	4.53	5.61
2010	6.609	2.200	1.454	0.266	5.47	6.87
2011	7.874	1.950	1.536	0.271	5.66	8.15
2012	9.146	1.850	1.692	0.324	5.23	9.47
2013	10.469	1.350	1.413	0.251	5.62	10.72
2014	11.721	1.550	1.817	0.288	6.30	12.01
總計	—	20.25 元	11.12 萬	2.01 張	54.26 萬	—

資料來源：證交所

這樣的投資方式，屬於標準的「懶人投資術」，只利用每年的「均價」來買進，10 年下來就可以創造 54.9% 報酬率；如果投資人專注投資 0050，了解 0050 的脈動，在低於均價時買進，還可以創造出更高的投資報酬率。

或許投資人又會問，要如何知道每年的「均價」為多少呢？最簡單的方式就是「每個月固定買」，例如在每個月第1 個星期一，固定以零股方式買進 84 股的 0050，1 年下來等於買了 1.008 張，12 個月平均下來就會買在每年的均價。84 股的 0050 大約需要 5,000 元資金，對於年輕上班族來說，也是每個月可以負擔得起的「存股基金」。

低進高出　獲利再增加

0050 的最大特點是「安全、有股息可以領、完全不會倒」，但是通常這種股票的股息殖利率都不高。0050 自2005 年發行至今的平均股息殖利率是 3.74%，跟 1.4% 左右的定存利率相比，還算不錯，但是就長期投資的眼光來看，也要 20 年才會成長 1 倍，其實並不迷人。

不過 0050 還有一個最大的好處，就是證券交易稅只有 0.1%（一般股票為 0.3%），買賣交易成本比較低，這樣的股票適合「低進高出」做價差。我個人建議，0050 一定要做價差，2013、2014 年的股息殖利率大約是 2.4%，如果做價差，可以賺到 4%，可勝過死抱 1 年領股息，而且領到的股息要繳所得稅，但是做價差賺到的錢卻不用繳稅。以下是我個人操作 0050 的心得：

心得❶ 用長線操作

0050 是連動大盤，因此幾天之內的漲跌幅不會太大，價差有限。我習慣參考周線操作 0050，較能看出長期趨勢。

心得❷ 技術指標

0050 不容易大漲大跌，因此可以搭配技術分析操作，我通常會在價格跌到 20 周線以下時，參考 KD 和 MACD 指標慢慢買進，在漲到 20 周線以上時分批賣出。投資人可以先用 0050 學習技術分析的技巧，將來可以運用在其他個股上面。

心得❸ 賺了就跑

如果 0050 一次可以賺到 4% ～ 5% 的價差，我就會獲利了結。切記大盤不可能一下子漲上天，賺到了就要跑，保留現

金等低點再買進。

心得❹ 積少成多

　　0050 是忍耐的報酬，「等待幾個月，只賺取幾趴」很正常，一定要有耐心。如果每次可以賺 4% ～ 5% 的價差，1 年做個 3、4 次，總報酬率就不錯了。

心得❺ 切勿移情別戀

　　操作 0050 的資金最好專款專用，賺到價差時，別把資金拿去追逐其他不熟悉的熱門股，不然當 0050 有好的買進時機，而熱門股又開始賠錢時，只能看著機會從眼前溜走。

　　年輕時我為了增加收入投資股票，白天在私人公司上班，晚上到學校兼課賺鐘點費。為了一圓教師夢，一邊上班一邊到高師大修教育學分、到淡江大學修數學學分，過程真的很辛苦，但是順利到公立學校教書後，我有更多時間研究投資理財。我也付費參加股票投資、土地開發等課程，每天花時間閱讀財經報紙、雜誌，無時不在思考投資理財的下一步。

　　一個人如果不勤勞，要怎樣做好投資呢？年輕人，還是要多閱讀、進修，並學習理財知識，這些默默耕耘的過去，會支持著你的未來。

第11章

年輕夫妻存股術

用好公司股息
支付家庭開銷

夫妻理財最理想的方式是，不互相猜忌，把錢交給懂投資的一方。一般人辛苦工作一輩子，退休後只有政府年金可以使用，我則靠著投資幫自己建立了 3 個金庫，等到有 10 個金庫後，就可以樂活退休！

進入本文之前，我先講一個讓我搥心肝 20 年的故事。1994 年 6 月我從台科大機械研究所畢業，在台泥的關係企業上班，月薪 37,500 元；當時，我太太的薪水約 20,000 元。剛結婚時，我岳母幫我太太跟了一個 3 年、月繳 3 萬元的互助會。由於我太太的薪水明顯不夠繳，所以我要幫忙繳會錢，等到期滿後，全部會錢就會成為我老婆的私房錢，真的很聰明。

隔年，我看到中鋼（2002）到達 18 元左右的價位，見獵欣喜，跟太太商量把我「存」在她那裡的錢拿回來，用來買 20 張中鋼。但因為要繳互助會，老婆和岳母堅決不同意，於是我的 20 張中鋼沒有買成……

沒下決心買 錯失家庭財富

來計算一下，假設 1995 年時我用 18 元的價位（當年最低價是 17.89 元），買了 20 張的中鋼，持有到現在，會變成多少錢呢？

1995 年持有 20 張，當年度發放 1.09 元現金股利，總共可以得到 20×1000×1.09 ＝ 21,800 元，這筆錢在隔年（1996 年）用當年均價 24.9 元買進中鋼，可以買 0.88 張，因此總張數為 20.88 張。然後這 20.88 張獲取 1996 年度的 1.47 元現金股息後，於 1997 年以 24.85 元均價又可以買進 1.23 張中鋼……依此類推，在 2014 年時已經擁有 115.62 張中鋼股票。

從下頁的表格可以看出，讓我搥心肝的幾個主要原因：

原因❶ 股票張數變成 5.78 倍

從 1995 年的 20 張，到 2014 年的 115.62 張，換算下來等於是張數變成 5.78 倍。

原因❷ 總價值變成 8.35 倍

若當年在 18 元價位買進 20 張，買進成本為 36 萬元，

中鋼（2002）的存股威力

股利 發放年度	均價 （元）	現金股利 （元）	股票股利 （元）	年初 股票張數
1995	23.70	1.09	0	20
1996	24.90	1.47	0	20.88
1997	24.85	1.25	0.25	22.11
1998	27.36	1.10	1.00	23.67
1999	21.16	2.50	0.50	27.27
2000	22.84	1.30	0.20	31.62
2001	21.55	1.50	0.30	34.16
2002	16.22	0.80	0.20	38.34
2003	16.91	1.40	0.15	40.92
2004	24.22	3.00	0.35	43.90
2005	32.47	3.90	0.50	49.50
2006	30.79	3.75	0.35	58.24
2007	29.68	2.78	0.30	67.64
2008	40.65	3.50	0.30	74.29
2009	39.72	1.30	0.43	83.07
2010	27.67	1.01	0.33	90.54
2011	31.90	1.99	0.50	96.40
2012	31.98	1.01	0.15	107.22
2013	27.59	0.40	0.10	112.75
2014	25.88	0.70	0.20	115.62

資料來源：證交所

2014 年的總價值是 300.6 萬元（以每股 26 元計算）。

原因❸ 穩賺不賠

　當年成本 36 萬元，除以現在 115.62 張，每股成本降為 3.11 元。這樣低的成本，加上中鋼穩健的績效，幾乎是穩賺不賠。

原因❹ 年報酬 39%

　115.62 張的股票，2014 年可以領取 80,934 元現金股息，以及 2.31 張股票（以每股 26 元計算，價值 60,060 元），所以股利總和將近 14.1 萬元。以「原始」成本 36 萬元來計算，年報酬率高達 39%。

　如果在 19 年前，我太太支持我買 20 張中鋼，而且我也持續把股息投入繼續買進，到了 2014 年我可以領取將近 14.1 萬元股利，只要中鋼維持穩健的營運績效，這筆錢每年都會來報到，這不是挺划算的嗎？

夫妻理財　交給有慧根的人

　從上面的例子，可以看出家庭投資的重要性，但是夫妻間

的「錢」事，往往是剪不斷、理還亂。記得當初剛結婚時，老婆要求我把薪水都交給她，將來也要把房子過戶給她，這不是「割地＋賠款」嗎？但是經過「中鋼事件」後，我決定撕毀「不平等條約」，開始走向經濟獨立自主之路，我才能專心累積資產。夫妻間理財，最理想的是不相互猜忌，給懂投資的一方理財，只是理想歸理想。

記得在 2010 年金融海嘯結束時，有同事說他逢低入市，股票獲利高達 500 萬元。我當場拗他請客，結果他說那只是「電腦模擬」的結果，因為他早就簽了「割地＋賠款」的不平等條約，錢都是老婆在管。偏偏老婆是「膽小、愛錢又怕死」的類型，金融海嘯期間死也不肯讓老公投資股票，他只好電腦模擬過乾癮。

一念之差，家庭就少了 500 萬元收入，豈不令人後悔莫及？我很慶幸沒有「割地」給老婆，所以金融海嘯期間我可以抵押房子，貸款 500 萬元投入股市發國難財，讓我跟家庭少奮鬥好幾年。所以，夫妻間理財最重要的還是互信，讓「懂投資的一方來理財」。

投資股票的重點在於放眼未來，但是夫妻雙方的成長背景

不一樣，看法往往有落差，也就會妨礙到家庭理財。我的岳父母一家 5 口，有 4 個是公務員，所以岳母非常重視「穩定、保障」，這不僅是當初我無法買 20 張中鋼的主要原因，最後也讓我走向公務員之路。

父母的觀念其實會影響小孩的一生，我為何一直學習投資理財，就是我想要讓我的下一代有不同的視野，不要只會當公務員。

我最常聽到的一句話是「知足常樂」，總是要我去貸款買新房子，讓全家住得舒服；再買一部車子，假日全家出去玩。然後我只要老老實實工作，繳 20 年貸款，不要再為股市傷神，人生苦短，要懂得「知足常樂」。可是我總是問自己，如果我當時把股票都賣光，拿去買房子、車子，20 年後房貸繳清了，我又留下了什麼？

所以我在年輕時堅持不買車、不買房，不肯知足常樂。我認真研究投資，節省每一分錢，現在每年領到的股息都超過 100 萬元，而且股息每年都有，從此我可以長樂，長長久久的快樂。人在年輕時如果太知足，只著眼於「常樂」，就可能讓「長樂」的機會從身邊溜走。

投資第 1 步　不要買進負債

　　我有個朋友，夫妻都是公務員，兩人的年收入合起來超過
200 萬元，可是有一次閒聊，他們卻跟我說沒錢可投資。原
來除了房貸外，他們每星期都會開車出去玩，每個月光是油
錢就要一、兩萬元，車子又要稅金、保險、保養、停車等費
用，開車出去玩也要吃喝、買東西。他們夫妻兩人的收入雖
然高，但是房貸和養車的費用一直在淘空他們的口袋！

　　很多人認為，房子是「資產」，但事實真的是如此嗎？儘
管未來房價上漲，帳面上房子是增值了，但以自住來說，房
子的增值只是看得到而吃不到。可是在繳房貸的 20 年期間，
房貸不斷淘空你的口袋，讓你沒有買進股票增值的機會，這
樣看來，房子反而是「負債」而非資產了。

　　我年輕時一直堅持不買車，原因很簡單。拿我現在的 luxgen
U7 4WD 為例，買進時的車價加上稅金、保險等費用，將近
130 萬元；假設車子在 10 年後折舊到零，平均每年的「買車
成本」是 13 萬元。現在每年的油錢、稅金、保險、保養維
修、停車等「養車成本」最少要 15 萬元，因此平均 1 年「持

有汽車」的成本就要 28 萬元。

如果拿這筆錢來搭計程車,就算 1 年 52 個星期都出去玩,平均 1 個星期可以花 5,385 元來搭計程車,不僅可以玩得很開心,還不用煩惱停車的問題,最重要的是,不用「一開始花一大筆錢」來買車。

年輕時我算來算去,買車還不如搭計程車來得划算,於是我把買車的錢拿去投資股票,10 幾年後,我靠股票的股息買車跟養車。年輕的夫妻一定要避免買進「負債」,而是要買進「資產」。

年輕人低薪不是新聞,一開始夫妻兩人合計的月收入搞不好 70,000 元不到,還要負擔房租、養小孩、食衣住行等費用,哪有錢投資呢?相信這是很多年輕夫妻共同的心聲,要怎樣打破沒錢投資的困境呢?我研究投資 20 年,逐漸認清「通膨怪獸」的可怕,也認識「複利投資」的威力。

年輕人儘管努力工作、認真打拼,薪水會逐年漸漸增加,但是房價、物價……在不知不覺中也步步高升,最後把你加薪的成果完全啃食殆盡。靠兩隻手打拼,就算你可以 1 個打10 個,也絕對打不贏「通膨怪獸」,那要怎麼辦?

再來回憶一下，如果我在 1995 年買進 20 張中鋼，現在我每年可以坐領 14 萬元的股息。投資其實就是複利的遊戲，「複利超人」才有辦法打敗「通膨怪獸」。因此，儘管夫妻收入不高，一定要竭盡全力，先努力存下一筆錢來投資，30 萬、50 萬元都可以，「複利超人」才會在你未來的人生中出現，幫你打敗通膨這隻大怪獸。

最後還要注意，雞蛋不要放在同一個籃子裡。如果把全部資金押在如宏達電（2498）和基亞（3176）這類「起高樓、樓塌了」的公司，不僅資金有可能血本無歸，全家上下的心情也會跟著暴起暴落，賠錢又賠上心情。投資股票還是要做

家庭理財 3 大準備

不買負債
養 1 輛車每年的費用，可讓人 1 星期花 5,385 元搭計程車，買車還不如搭計程車來得划算。

省錢投資
房價、物價逐年攀升，靠雙手打拼贏不了通膨怪獸，存下一筆錢去投資，才能享受複利果實。

分散風險
把資金重押特定股票，可能會血本無歸，做好分散才可以掌控風險，但建議投資 5 檔以內。

好分散，才可以掌控風險。但是一般人沒有太多時間，建議投資 5 檔以內，才不會耗費太多精神在研究和管理上面。

大錢換小錢　保險不划算

我剛結婚時，老婆基於「要保障」，就幫兩人都買了保險，後來 3 個小孩逐漸出生，也統統買了保險。當時傻傻的都不懂，我研究投資理財後，開始懷疑：保險真的保險嗎？

保險業務員最常説：「萬一將來住院，保險每天可領 3,000 元。」請問你覺得如何？如果覺得還不錯，恭喜你被保險公司給「技術性誤導」了。原因很簡單，我在小孩出生時買的壽險、醫療險，大概要在 60、70 年後小孩年老多病時才會用到；那麼，「60、70 年後」的 3,000 元，到時候會夠用嗎？搞不好連掛號費都不夠，因為物價會上漲。

還有一種保險是「儲蓄險」，辦公室有位同事，小孩出生後就幫小孩買了 6 年期的儲蓄險，每年繳 5 萬元、6 年繳交30 萬元後就停止繳費，然後靠複利累積，在小孩 30 歲時大約可以領回 60 萬元，同事説：「就當做是給小孩的嫁妝」，

真是個好爸爸，規畫到小孩 30 歲。

但是我算了一下，利率還不到 3%，是比定存好一點，但沒多好。如果這筆 30 萬元拿去投資中華電（2412），每年領取 5% 的股息殖利率，約可以領回 100 萬元，比保險的 60 萬元多了 40 萬元。我跟同事討論了一下，發現他用保險幫小孩規畫理財的原因為：

原因❶ 簡單

每年存 5 萬元，6 年後就可完全不去理它，然後在小孩 30 歲時會有一筆錢下來，幫助他成家立業，理財的過程簡單，可以先幫小孩存錢。

原因❷ 保險比較穩當

我跟他分享我的經驗，我是在小孩戶頭買股票，靠股息幫小孩累積資產。可是我的同事對股票投資不放心，怕虧錢，因此將錢放在保險，他覺得保險比股票穩當。

原因❸ 沒有研究股票

我試算中華電的報酬給他看，但他對股票就是不放心。其實中華電算是最有防禦性的股票，每個人家裡都在用中華電的電話，這家公司幾乎不會倒閉。然後我問他投保哪一家保

險公司，他説是富邦（2881），我問他，難道就不怕富邦倒閉嗎？買保險也會有風險，如果是我，我會把買保險的資金拿來逢低買進富邦的股票，相信報酬率會比保險來得高。

你現在繳的保費，其實是「比較大」的錢，保險公司拿來投資，經過複利超人的加持，在幾十年後可能會增值成 10 倍、20 倍。可是保險公司在幾十年後給付給你的錢，在通膨怪獸摧殘下，會貶值成為十分之一、二十分之一，變成「比較小」的錢，能幹嘛呢？年輕爸爸幫新生的小孩存 30 萬元儲蓄險，儘管將來可以拿到 60 萬元資金，可是 30 年後的 60 萬元真的夠辦嫁妝嗎？

一般人買保險，最常忽略的還是時間差，你覺得 60 萬元夠辦嫁妝，是因為你用現在的物價水準來衡量，但是真正拿到錢卻是在 30 年後，要記得「錢會變薄」。只可惜，一般人雖然了解通膨的可怕，卻因為「不懂股票投資」，最後還是只能挑「安全但報酬比較低」的保險。

保險真的保險嗎？建議你先打一個問號，一般人對保險並不是完全清楚，可是一簽約卻要繳費 20 年，半途解約又會遭逢損失，真的要很謹慎。年輕夫妻買保險，夠用就好，我有

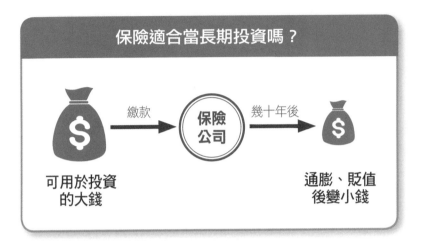

個朋友，因為老婆買太多保險，儘管兩人都是公務員，卻常常錢不夠用，為了小錢而爭吵。

關於保險，我的建議是「保險歸保險，投資歸投資。」保險就專注在意外、醫療等領域，至於投資就買股票、債券、基金，不要把保險跟投資綁在一起。

錢放銀行定存 不如買銀行股

剛結婚時，我老婆跟我講過一個理財故事，他有個女同事月薪 2 萬多元，她很認真存錢，而且存到 5 萬元就拿去定

存。我看老婆一副「見賢思齊」和「相夫教子」的態度，心中頗不以為然，因為連小孩都會把錢放銀行定存。

記得當時定存的利率是 7.5%，5 萬元定存，10 年後會變成 10 萬元，5 千萬元會變 1 億元，其實還不錯。但是現在定存利率只有 1% 多一點，就算你存了 10 年，存款一樣趴在那裡，絕對不划算。所以還是要換個腦袋，與其當「銀行的客戶」，為何不當「銀行的股東」？

我目前持有中信金（2891）和台新金（2892）這 2 家金融股，我們也順便看看第一金（2892）和兆豐金（2886）這兩家官股模範生的資料：

金融股 2010 ～ 2014 年 5 年平均績效

代號	公司	股東股利（元）		殖利率（%）		
		現金股利	股票股利	現金	股票	合計
2891	中信金	0.57	0.66	2.94	6.6	9.54
2887	台新金	0.22	0.92	1.63	9.2	10.83
2892	第一金	0.43	0.56	2.29	5.6	7.89
2886	兆豐金	0.99	0.07	4.42	0.7	5.12

資料來源：證交所

有沒有發現，殖利率都是定存利率的的 7、8 倍（股票股利只要填權，1 元就是 10% 的殖利率），而且還沒有考慮到資本利得。資本利得就是「價差」，例如我的中信金，5 年內股價從 15 元漲到 20 元，除了每年領取股息外，還額外賺了 5 元的資本利得。銀行定存就沒有資本利得，就算你存 100 萬元，除了每年領取 1 萬多元的利息，5 年後 100 萬元還是 100 萬元，不會有賺價差的機會。

與其當銀行的客戶，不如當銀行的股東，家庭許多開銷，像是小孩的教育費、水電瓦斯等，都可以靠投資幫你付錢。

用好公司股票幫忙養小孩

根據統計，養育一個小孩到研究所畢業，大概要花費 600 萬～ 1000 萬元，這對年輕夫妻來說，恐怕不是個好消息，必須要提早規畫。記得小時候我讀過一篇故事，杜鵑鳥會把鳥蛋下在別的鳥的巢裡面，靠別的鳥來幫牠養小鳥。我生了 3 個小孩，就需要 2000 萬～ 3000 萬元的教育經費，靠死薪水幾乎不可能達成任務，所以我也要學習杜鵑鳥的長處，靠

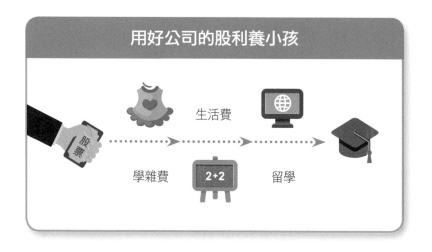

用好公司的股利養小孩

生活費

學雜費　　2+2　　留學

別人幫我養小孩。

當大女兒讀小一時，我就善用每年免稅的贈與額（目前是1年220萬元），逐年在她的戶頭內買進台積電（2330）、新普（6121）、順達（3211）、聯詠（3034）、鴻海（2317）、中信金（2891）、正新（2105）等股票，她長大後讀了3年的私立女子高中，大學時到日本遊學，所有的教育費用都是用這些好公司的股息來支付。

當二兒子出生後，我依樣畫葫蘆，在他戶頭持續買進績優股，只要這些績優公司努力賺錢，我不用煩惱將來兒子讀大學及出國留學的費用。

煮飯洗澡 瓦斯不用錢

我現在住的老公寓還在使用桶裝瓦斯，比較麻煩，所以小孩子洗澡洗太久的話，我都會去敲門，要他們節省瓦斯。有一次小孩跟我抗議，我就在想，有沒有免費的瓦斯可用呢？於是我開始研究大台北瓦斯（9908）這家公司。

大台北（9908）近5年獲利				
股利發放年度	現金股利（元）	平均股價（元）	殖利率（％）	EPS（元）
2010	0.80	17.50	4.57	1.01
2011	1.00	17.90	5.57	1.42
2012	1.00	19.30	5.19	1.18
2013	1.00	21.90	4.57	1.21
2014	1.00	23.70	4.21	1.25
平均值	0.96	20.06	4.82	1.21

資料來源：證交所

最近5年大台北的每股盈餘（EPS）平均是1.21元，而且每年的獲利非常穩定。5年的平均股價是20.06元，每年平均發放0.96元現金股息，也就是如果我花40萬元買進20

張大台北，每年可以獲得約 19,200 元現金股息，平均 1 個月
是 1,600 元，這筆錢拿來買瓦斯煮飯、給小孩子盡情洗澡，
我從此不用再去敲門。

巴菲特很喜歡「生活投資學」，從日常生活的小事發掘投
資標的。我發現天氣越冷，小孩子泡澡就越久，如果要買進
大台北的股票，要挑炎熱的夏季、瓦斯使用量小的時候，因
為天氣越冷，該公司的營收越高，股價就會有上揚的空間。

逛超商、買電器 都能免費

每次帶小孩出門，只要經過超商，小孩總會吵著要進去
「吹冷氣」，然後順便買個糖果、餅乾、飲料。台北街頭超
商的密度高到嚇死人，就是因為台北人已經習慣「一看見超
商就近去逛兩圈」。如果每天進去超商幾次，1 個月的總消
費額也不少。那麼，有沒有「免費」的超商可以逛呢？

台灣目前的超商龍頭是統一超（2912），在 2010 年之
前，股價多在 70 元上下，最近 5 年（2010 ～ 2014 年）的
年平均股利是 4.83 元。也就是說，如果在 2010 年之前，用

70萬元買進10張統一超的股票,最近5年平均每年可以得到48,300元現金股息,平均1個月是4,025元,可讓你盡情逛超商。

只是統一超最近幾年股價飆漲,我個人就不會買進了。山不轉路轉,統一超賺大錢,持有統一超45.4%股份的母公司統一企業(1216),當然也是吞了大補丸。

統一最近5年平均股價為47.04元,也就是説,只要拿47萬元買進10張統一,每年可以獲得12,200元現金股利及0.7張股票(價值32,928元),總共45,128元,算起來

統一(1216)近5年獲利

股利發放年度	現金股利(元)	股票股利(元)	平均股價(元)	EPS(元)
2010	0.80	1.00	37.60	2.02
2011	1.40	0.60	41.20	2.55
2012	1.00	0.70	47.70	2.08
2013	1.40	0.60	56.40	2.55
2014	1.50	0.60	52.30	2.48
平均值	1.22	0.70	47.04	2.34

資料來源:證交所

殖利率是 9.59%，平均 1 個月有 3, 760 元可讓你帶小孩逛超商，還是統一公司請客。

此外，全國電子「揪甘心」的廣告，我想已經深植人心；如果全國電子每年送我幾萬元的免費電器，那不是更甘心嗎？不要隨便做白日夢，錢不會從天上掉下來，人一定要靠自己，來研究全國電子（6281）的營運績效吧！

這真的是獲利穩定的好公司，只要在幾年前花 50 萬元買進 10 張，從此每年就會有一筆 4.3 萬元現金，給你買電視、換冷氣……真的是「揪甘心」。

全國電（6281）近 5 年績效

股利發放年度	現金股利（元）	平均股價（元）	殖利率（%）	EPS（元）
2010	3.56	48.10	7.40	2.97
2011	3.48	50.80	6.86	4.35
2012	4.00	63.60	6.29	4.62
2013	4.90	68.60	7.15	5.42
2014	3.50	63.40	5.52	4.19
平均值	**3.89**	**58.90**	**6.64**	**4.31**

資料來源：證交所

食衣住行 低價存股術

　　如果家庭的每筆開銷，如飲食、交通、電信、家電等費用，都有人幫你買單，那該有多好？其實這並非不可能，重點是「自己的經濟自己救」，要認真學投資理財。高手都藏

類別	代號	公司	股東股利（元）		股價統計（元）		EPS（元）
			現金股利	股票股利	平均	最低	
飲食	1210	大成	1.16	0.90	29.52	24.25	2.41
	1215	卜蜂	0.78	0.10	17.22	12.75	1.30
	1216	統一	1.22	0.70	47.04	31.90	2.34
	9945	潤泰新	2.21	0	50.18	27.90	7.60
居家	9908	大台北	0.96	0	20.06	16.50	1.21
	9917	中保	3.26	0.03	63.16	48.40	4.04
	6281	全國電	3.89	0	58.90	41.60	4.31
	5534	長虹	6.40	0.18	78.46	43.90	13.55
交通	2105	正新	1.98	1.48	74.90	57.70	5.59
	2207	和泰車	7.92	0	212	62.80	10.94
育樂	2412	中華電	4.98	0	88.44	57.90	5.14
	3045	台灣大	5.09	0	87.54	58.50	5.05
	1307	三芳	1.36	0.44	29.3	21.25	1.8

日常生活股近5年平均股利

資料來源：證交所　統計期間：2010～2014年

在民間，好股票就在我們身邊，請見左頁表格。

士林夜市的雞排，在 10 年內從 30 元漲到 70 元，泡麵也從 20 幾元漲到跟便當一樣貴。抱怨買不起也無濟於事，不吃又會對不起自己，如果有買進供應雞肉的卜蜂（1215）和大成（1210），他們就會請你吃雞排。同樣的，買進統一的股票，泡麵、飲料、零食就隨你吃到膩。潤泰新（9945）有大潤發，商品又多又便宜，靠著潤泰新每年的股利，不就可以盡情採購了嗎？

大台北幫你出家裡的瓦斯錢，冬天泡澡不煩惱；全國電每年幫你換新家電，揪甘心；中保（9917）負責維護居家安全，股息還可以拿去繳大樓管理費；長虹建設（5534）的豪宅雖然買不起，但是每年的股息會幫你付房租。

正新（2105）會幫你的車子換輪胎，和泰車（2207）會出錢讓你養車和換車。只要你有中華電（2412）或台灣大（3045），家裡每個人的手機都可以免費上網吃到飽，年年換新機。三芳（1307）每年送你新的運動鞋，Nike、Adidas、Puma……隨你挑。

看起來很迷人吧！只要買進好公司的股票，每年領到的股

利等於在幫你付帳單。但是說實話,要統統買下這些公司的股票也不容易,需要不少錢。實際一點的做法還是靠「好股票養好股票」,比如先買進「飲食」類的好股票,靠它的股息慢慢幫你養「居家」類。只要持之以恆,而且在好股票便宜時多買一點,將來把「日常生活相關」的股票統統網羅齊全,未來的「食衣住行」就都有人幫你買單了!

P. 240 的表格中,我特別將每檔股票的「最低價」標示出來,主要是為了強調「危機入市」的觀念。和泰車現在是400 元的高價,但是 3 年前日本 311 大地震後,股價只有 80元左右。只要當時用 80 萬元買進 10 張,今年就會得到 12.6萬元現金股利,這筆錢拿來養車不是很好嗎?而且只要累積7 年的股利就能換新車。好的股票還是會碰上倒楣事,如果敢在好股票倒楣時加碼買進,存股票的速度會加快很多。

現在物價年年上漲,唯一不漲的反而是薪水,我前前後後換過 6 個工作,很明白上班族靠死薪水過活,真的很不容易,難怪有不少年輕人高喊「生不起、養不起、住不起、活不起」。

我是過來人,我和太太也領死薪水,還要養 3 個小孩,壓

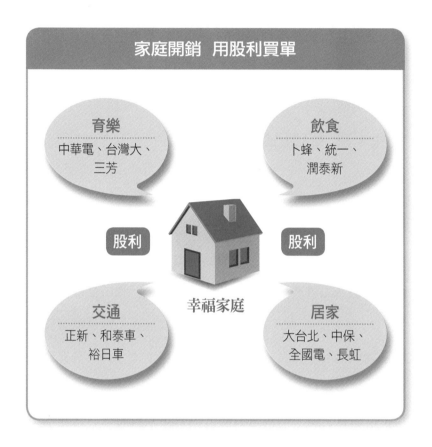

力不會比一般人輕鬆。幸好我 20 年來積極理財，終於累積了 3000 萬元的股票，現在每年可以領 100 多萬元股息。

誠心奉勸讀者，要提早做好理財規畫，只要能夠認真執行，我相信大家都會有「生得起、養得起、住得起、玩得

起，食衣住行統統不煩惱」的一天。錢不會從天上掉下來，人一定要靠自己。

狡兔十窟 幫自己建安樂窩

還記得我從研究所畢業、大女兒剛出生時，我跑到基隆海事夜間部代課，一眨眼間，大女兒已經讀大學 2 年級了，我的頭髮也開始變得灰白，要開始規畫退休生活了。人生過得很快，快的簡直讓人措手不及，慶幸的是，我持續投資股票 20 年，漸漸開始收割了。小時候學過「狡兔三窟」的成語，戰國時代孟嘗君的食客馮諼，幫他規畫了了 3 個安身立命的地方，讓孟嘗君可以高枕無憂。

狡兔都有三窟，何況是我們人呢？如果我將來有十窟，退休後還用愁嗎？我認真工作一輩子，將來公務員的退休金就是我的一窟，這也是風險最低的安樂窩。從年輕到現在，存了不少電子股，也算是一窟，而最近 6 年認真存下的 313 張中信金股票，每年發給我幾十萬元的股息，這算是最新挖好的一窟。目前這樣算起來，我也有三窟了。

　　「狡兔十窟」的意思很簡單，就是「存下10檔績優股，每檔股票每年給我幾十萬元股息」，這樣我退休後就能遊山玩水了。要達成這個目標，我必須繼續利用每年領到的股息，努力存好股票，往後只要我多存好一窟，這一窟就會貢獻股息，幫我存下一窟，我存的速度就會越來越快。

　　一般人辛苦工作一輩子，最後只能領政府年金，目前醫療進步，平均壽命越來越長，微薄的年金真的夠用嗎？與其煩惱未來年金夠不夠用，還不如趁著年輕時，努力做好投資理財規畫，儘早擁有「狡兔十窟」，這樣就可以早日退休，樂活一生。

6年存到300張股票

作者：陳重銘

出版部總編輯：賴盟政
責任主編：李文瑜
美術設計：楊雅竹、張瀅渝

總顧問：詹宏志
發行人：童再興
總編輯長：李美虹

發行：原富傳媒股份有限公司
地址：台北市 104 南京東路二段 6 號 6 樓
電話：02-2511-3511
傳真：02-2511-7006
服務時間：周一至周五 09:00~18:00
讀者信箱：service@berich.net.tw

製版印刷：鴻霖印刷傳媒股份有限公司
總經銷：聯合發行股份有限公司

初版一刷：2015 年 4 月
初版三刷：2015 年 4 月
定價：280 元

國家圖書館出版品預行編目（CIP）資料

6年存到300張股票 / 陳重銘作 . –
初版 . – 臺北市：原富傳媒，2015.04
248面；　17×23公分 . –（創富；15）
ISBN 978-986-90855-4-0（平裝）
1. 股票投資 2. 投資技術 3. 投資分析
563.53　　　　　　　　104004847

Money錢 讀者服務卡 《6年存到300張股票》

親愛的讀者：為了提供您更優質的服務，只要填寫本回函，直接傳真，或免貼郵票寄回本公司，我們將不定期寄給您最新的出版訊息、優惠通知及活動消息！ **Fax 專線：**（02）2511-7006

- 您平均一年購書：❑ 5 本以下 ❑ 6～10 本 ❑ 11～20 本 ❑ 21 本以上
- 請問您在何處獲知本書的訊息？
  ❑ 雜誌 ❑ 廣播 ❑ 書店 ❑ 親友介紹 ❑ 網路 ❑ 其他
- 請問您購買本書的原因：
  ❑ 價格便宜 ❑ 封面設計 ❑ 對主題感興趣 ❑ 有投資理財的需求
  ❑ 親友推薦 ❑ 對《Money 錢》出版的品質信任 ❑ 其他
- 請問您是否願意將本書介紹給其他朋友？
  ❑ 是 ❑ 否
- 請問您通常以何種方式購書？
  ❑ 逛書店 ❑ 網路 ❑ 便利商店 ❑ 量販店 ❑ 銷售人員推薦

您對本書的評價：

題材選擇：	❑符合需要	❑普通	❑不合需要
學習效果：	❑佳	❑普通	❑不佳
內容深度：	❑恰到好處	❑內容艱澀	❑內容太淺
圖表呈現：	❑易於閱讀	❑普通	❑不易閱讀
視覺呈現：	❑美觀大方	❑普通	❑不利閱讀

對本書的建議：

_____

_____

_____

您的基本資料：（請填寫下列基本資料，本公司將予以保密，敬請安心填寫）

姓名：_____ 性別：❑先生 ❑小姐 出生年次：民國_____年

電話：（公）_____ （宅）_____ （手機）_____

通訊地址：❑❑❑ _____

電子信箱：_____

教育程度：❑國小或以下 ❑國中 ❑高中職 ❑大專 ❑碩士以上

年　　齡：❑20歲以下 ❑21～25歲 ❑26～35歲 ❑36～45歲 ❑46～55歲 ❑56～65歲 ❑66歲以上

職　　業：❑軍公教 ❑製造業 ❑營造業 ❑服務業 ❑金融貿易 ❑資訊業 ❑自由業 ❑學生 ❑其他

職　　位：❑公司負責人 ❑高階主管 ❑中階主管 ❑基層主管 ❑一般職員 ❑SOHO族 ❑其他

Money錢

請沿虛線對摺，謝謝

Money錢

《6年存到300張股票》

Money錢

Money錢

Money錢

Money錢